책이 밥 먹여준다면

생애 첫 책을 위한 33가지 현장 이야기

책이
밥 먹여
준다면

이훈희 지음

우아한 책은 없다

그런 인연이 있다. 아무런 연고도 없었지만 몇 번의 회동 끝에 그를 보기 위해 눈 내리는 새벽 고속버스를 타고 능선을 걷는다. 내가 아는 한 시인은 페이스북을 통해 메시지를 주고받던 한 노동자와 술 한 잔 걸치곤 없이는 죽고 못 산다는 듯 붙어 다녔다. 벽돌 몇 장쯤 되는 무게의 책을 배낭에 욱여넣고 함께 걷다 지치면 책을 읽는다고 했다. 이른 봄엔 산꽃이랑 나물을 뜯어 초장에 소주와 곁들이는 석양이 일품이라 한다. 시골에서 작은 책방을 열어 가끔 손님을 재우곤 하는 한 소설가는 보름달이 차기 전 늘 찾아오는 특별한 친구를 기다린다. 서로에게 매료된 이유가 '책'이란다. 그가 어떤 책을 좋아하는지 안다는 것은 음식이나 취미생활을 통해 그 이유를 파악하는 것보다 훨씬 흥미로운 일이다. 밤별처럼 많은 책 중 '그 책'을 좋아하고, 특별한 문장을 기억하고 있는 친구를 만나기란 생각처럼 쉽지 않다.

지난해 한 작가의 문학상 시상식이 끝나고 나는 그 어디에도 속하지 못해 '기타'로 분류되는 이들과 함께 있었다. 시인과 소설가, 인문학 교수와 출판사 직원이 모여 늘 그렇듯 어느 지역의 누구를 아는지, 누구와 만나보았는지 따위를 물어보며 족보를 더듬었다. 시인은 소설가와 섞이지 못했고, 세상 이치를 모두 간파했다는 듯 내뱉던 교수의 발언은 곧잘 탄핵 당했다. 소주 여러 병이 테이블에서 뒹굴 때쯤 나는 누구와 이야기해도 흐름을 끊지 않고 경쾌하게 주제를 장악해나가는 이를 발견했다. 바로 수줍게만 보였던 출판사 편집인이었다. 그는 모든 이야기에 참견할 정도의 넓은 지식을 가졌지만 깊은 전문성을 구비한 것은 아니었다. 나는 그가 천생 '출판쟁이'라고 생각했다. 그는 세상사의 뒷면을 볼 줄 알았고, 누군가 진부한 이야기를 하면 이를 매력적인 주제로 끌고 가기도 했다. 작가가 텍스트(메시지)를 만드는 사람이라면, 출판인은 독자에게 말하는 방식과 표정을 바꿔 시장에 메시지(책)를 파는 사람이다.

언젠가 읽었던 무라야마 사키의《오후도 서점 이야기》가 떠올랐다. 좋은 책을 한 권 내기 위해 많은 사람의 노력이 마법처럼 모여 작은 시골서점도 살아남는다는. 어찌 보면 출판인에 대한 이야기였다. 작가는 상품으로 취급되고 마는 '책'에 특별한 온기를 불어넣고 싶었나 보다. 그때부터였을까. 나는 책과 출판에 대한 이야기를 쓰고 싶었다. 생각해보니 나는 작가와 출판편집인, 북콘서트 기획자, 그리고 독자에게 책을 소개하는 언론인으로 활동하고 있는 사람이었다.

이번에도 나는 내가 말하려는 주제와 유사한 도서를 쌓아놓고 읽었다. 책을 만들기 전 유사한 장르의 책들을 두루 섭렵하는 이유는 이 책이 세상에 나와야 하는 이유를 스스로 묻기 위함이다. 내가 할 수 있는 이야기를 더 감칠맛 나게 버무린 책이 이미 있다면 내가 책을 낼 이유가 없다. 자칭 '책 만들기 전문가'라는 이들의 유튜브 동영상도 여럿 보았다. 그들 중에는 아예 학원을 차려 책을 내려는 수강생을 모집하는 이들도 있었고, 북 컨설턴트라는 이름으로 제목과 표지 콘셉트, 목차를 일러주며 꽤 많은 돈을 받아내는 이들도 있었다. 그들은 책을 쓰는 이유를 이렇게 규정했다. "유명해지려면 책을 써야 하고, 유명해지면 돈을 벌 수 있다."

그들은 욕망에 솔직했고, 그 채널을 소비하는 이들 역시 직접 유료강의를 들을 만큼 욕망에 적극적이었다. 10여 년을 큰 출판사에서 일한 어떤 에디터는 "작가의 가치는 출판사에 있어 작품성이 아닌 상품성"이라고 간단히 정리했다. 인지도가 높아 책만 나오면 수만 부 이상의 독자를 확보할 수 있는 작가에게 콘텐츠나 작품성의 문제는 크게 중요하지 않다는 이야기다. 어느 정도 맞는 말이기도 하다. 읽을 가치가 없는 책을 독자들이 구매하진 않을 테니 말이다. 어떤 이는 부동산 갭 투자에 관한 책으로 대박이 난 일과, 비트코인 열풍을 낚아채 관련 책 수만 부를 팔아치운 경험을 자랑스럽게 소개한다. 자기 성공의 그늘에 타인의 눈물과 추락이 있다는 사실은 중요하지 않았다.

책은 상품이며 팔리지 않는 책은 폐지가 되어 과일상자 등으로 윤회한다. 책은 그 자체로 결코 고상하지 않지만 책의 언어는 일상의 지옥에서 아파하는 사람을 끌어올리거나 사유방식을 바꾸기도 한다. 그래서 이 책을 읽는 독자는 좋은 상품을 만들었으면 한다. 시간이 좀 지나 절판되더라도 중고책방에서 비교적 고액으로 돌고 또 도는 그런 책 말이다.

물론 출판 환경은 녹록치 않다. 시중에 나온 책 중 20%만이 독자들의 선택을 받는다. 출판되는 책 중 절반 정도가 반품되고, 그중 절반은 매해 파쇄공장으로 보내진다. 미디어의 영향으로 사람들은 예전보다 책을 멀리하고 있으며, 그만큼 출판시장은 더 어렵다. 무엇이든 빨리 받아들이고 빠르게 바꾸어버리는 우리나라 사람들의 특성은 출판 트렌드에서도 나타난다. 종이책에 대한 여전한 존중으로 읽기와 쓰기를 가장 고차원적인 인간의 창조력이라고 믿는 북유럽에 비해 한국의 출판시장은 매우 작고 트렌드도 다소 획일적이다. 필자 역시 이러한 한국의 출판시장을 우선적으로 고려해야 했다. 이 책은 생애 첫 책을 준비하거나 1인 출판사를 준비하는 사람들, 미래의 출판인과 작가를 꿈꾸는 이에게 맞춰져 있다. 따라서 대형 출판사의 마케팅 방법보다는 작은 출판사가 어떻게 생존할 수 있는지를 고찰했다. 세세한 실무 영역을 다루려면 끝이 없기에 몇 개의 사례만으로도 현장의 감을 느낄 수 있도록 노력했다.

1장 〈책〉에선 책의 본질과 시대의 흐름에 대해 다뤘다. 출판시장에서 책은 어떻게 다뤄지는지와 북 트렌드에 대해 짚었다. 2장 〈책 쓰기〉는 글쓰기 훈련과 책을 엮을 수 있는 콘텐츠, 투고의 방법 등을 다뤘다. 3장 〈출판하기〉에선 저자의 권리와 계약방법, 출판의 유형 등을 알아보고 자신에게 맞는 방법을 살폈다. 4장 〈출판하는 사람들〉에선 출판사 창업과 북 마케팅에 대해 다뤘다.

이 책이 좋은 작가, 진정성 있는 출판인이 되고 싶은 이들에게 자주 곱씹을 수 있는 이야기였으면 한다. 책으로 대박이 나 인생 역전할 수 있다는 이야기는 못 하겠다. 다만 책으로 삶을 바꾸고, 출판으로 건강한 밥벌이를 할 수 있다고 믿는다면 우린 잘 만난 것 같다.

PROLOGUE

우아한 책은 없다 • 04

chapter 2 _ 책 쓰기

chapter 3 _ 출판하기

CONTENTS

chapter 4 _ 출판하는 사람들

chapter 1

一
책

"종이 위에 가로로 형태를 갖추는 글자의 줄보다 더 마술적이고 아름다운 건 없는데. 거기 모든 게 있지. 항상 모든 게 있었어. 그 행위보다 더 큰 보상은 없어. 그 후에 오는 건 그저 부차적일 뿐이야. 나는 글쓰기를 그만두는 작가를 이해할 수 없네. 그건 심장을 파내어 변기에 넣고 똥과 함께 내려버리는 거나 똑같지."*

— 찰스 부코스키. 존 마틴에게.
1991년 7월 12일. 오후 9시 39분.

---

* 찰스 부코스키. 박현주 역. 《글쓰기에 대하여》. ㈜시공사. 311쪽.

책 써서
망했다는 사람 못 봤다

필자 주변엔 책을 '쓴' 사람과 책을 '쓰겠다는' 사람이 있다. 책을 쓴 동료들은 한 종만 내지 않는다. 대부분 2, 3종을 넘겨 지금도 책을 쓰고 있다. 그리고 책을 쓰겠다는 이에게 책은 아직도 꿈일 뿐이다. 지식과 경험을 팔아 먹고사는 나 같은 지식 소매상이나 지식 노동자에게 책은 선택이 아닌 생존을 위한 필수작업일 수도 있다. 20년 전까지만 해도 책 내는 게 쉽지 않았다. 1쇄의 최소 인쇄량은 최소 1,500부여야 했다. 출판사에 왜 그런지를 물으면 종이를 많이 넣을수록 인쇄단가가 낮아지는데, 적은 수량을 찍었을 때 인쇄비용을 감당하기 어렵다고 했다. 이제 오프셋 인쇄offset printing를 했을 때 최소 수량은 보통 500부다. 심지어 낱권 인쇄도 가능하다.

그런데도 여전히 '자기 책 쓰기'가 생애의 꿈이라는 이들이 많다.

왜 그럴까. 책을 내겠다 하면 교수나 전문가, 전업작가 정도는 되어야 한다는 통념이 남아있기 때문이다. 주변에서 말리는 이들도 있는데, 이들은 요즘 출판시장이 어떻고, 출판비용을 회수할 수 있겠냐며 짐짓 걱정도 해준다. 하지만 "네까짓 게 무슨 책"이냐는 심보도 있을 것이다. 그래서일까. 조용히 책을 내고 그제야 주변에 알린다. 동료들의 반응은 대부분 "놀랍다, 대단하다."가 일색일 것이다. 출판시장과 문화에 대해 잘 모르는 이들일수록 책 내는 걸 말린다. 오히려 책을 내 본 사람은 원고가 책으로 출판되는 과정이 얼마나 빠르고 대단치 않았는지를 알기에 책을 내는 건 쉽다고 생각한다. 많이 안 팔릴 수도 있지만 출판사가 책을 내자고 하는 순간, 대부분 책은 나오기 마련이다.

세계 최초의 금속활자본이라는 《직지》에는 불경이 담겼고, 요하네스 구텐베르크Johannes Gutenberg의 금속활자 역시 《42행 성경》을 인쇄하기 위해 처음 사용되었다. 당시 성서는 필사에만 3년이 걸릴 정도라 성경을 지닐 수 있었던 이들이 교권을 독점했고, 수도원에서 보관하며 교황만이 성서 해석권을 가졌다. 흥미로운 건 그의 인쇄술이 긴요하게 쓰인 곳이 바로 교회의 면죄부 발권이었다는 점이다. 면죄부에도 필사 짝퉁이 많아 교회에선 인쇄된 면죄부만이 진품이라며 마구 찍어내기 시작했다. 하지만 역설적으로 구텐베르크의 성경 인쇄는 중세 교권을 붕괴시키는 단초가 되었다. 종교개혁의 불꽃을 쏘아 올린 마르틴 루터Martin Luther의 〈95개 반박문〉 역시 이 인쇄술이 없었다면 그렇게 빠른 시간에 유럽 전역에 배포될 수 없었을 것이다. 그렇게 성경을 손에 쥔 민중은 주교의 말이 성경에 근거한 것인지를 따지지 시작했다. 출판이라는 도구가 애초 정보의 독점과 구체제를 해체하기 위해 사용되었다는 점을 기억하자.

활자를 사용하기 전 조판환경이 얼마나 열악했냐면 주로 목판이나 죽판에 글자를 새겨야 했다. 중국은 북송대 이전에는 죽간 1판에 40개 정도의 자구밖에 넣질 못했다. 심지어 한무제漢武帝 때 상서上書를 올리는데 목판 3,000개를 사용했으며, 기운이 센 장사 2명이 궁으로 배달했다고 한다. 무제는 꼬박 두 달이 걸려 그 상주문上奏文을 모두 읽을 수 있었지만, 계산해 보면 그가 읽은 글자는 모두 12만 자에 불과했다고 한다.1) 이렇듯 활자는 귀한 것이었다. 조선 사대부들의 한자에 대한 숭상은 결국 활자화된 책에 대한 신비주의로 이어졌다.

군중에게 제 뜻을 전하는 일은 기호로 타인에게 뜻을 전달하기 시작한 선사시대부터 있었다. 64,000년 전의 네안데르탈인도 동굴에 그림을 암각했고, 사피엔스는 죽은 아이 곁에 국화꽃을 뿌리며 슬퍼했다. 소를 잡고 싶다는 열망을 그림으로 표현했다면, 아이를 잃은 상실감을 꽃으로 표현한 것이다. 그 뿐인가. 일제강점기의 청년 징용공은 벽에 "엄마, 배가 고파요.", "고향에 가고 싶어요."라고 썼다. 누구는 낙서라 하지만, 당사자에겐 무엇보다 강력한 염원

---

1) 쉬훙씽(徐洪興), 야오롱타오(姚鎔濤). 이진영 역. 《천추흥망》. 따뜻한 손(2010). 482쪽.

의 문자였다. 왜 집필을 하느냐는 질문을 받곤 "가슴 속 언어를 활자로 기록하지 않으면 견딜 수 없다."고 말하는 작가도 많다. 몽골 초원에서 불이 밝혀지고 노래와 시로 하늘과 땅에 빌던 말들이 이제는 종이에 찍혀 나온다. 제 뜻을 사회구성원에게 전하기 위해 대중이 책을 출판하는 건 어쩌면 인간의 본성적 요구인지도 모르겠다.

책 쓰기의 첫 번째 적은 '출판 신비주의'라는 관문이다. 당신의 이야기가 사람들에게 새것으로 들린다면, 작은 위로나 삶에 생기를 줄 수 있다면 당장 책 쓰기를 준비해야 할 것이다. 투고가 출판사로부터 거절당하거나 필력이 부족한 것은 결국 극복된다. 1년 후에 책을 내거나 쓰고 있는 사람이 될지 여전히 생각하고 있을지는 작은 결심 하나로 갈린다. 출판사는 몰라도 책 내서 망했다는 사람은 못 봤다. 방송국 PD도, 기업체 교육담당자도, 지자체 연수책임자, 독자도 결국 책을 통해 당신을 찾아낸다. 당신이 출판을 위해 일정한 계획 아래 집필을 시작하면 생각지도 못한 삶의 변화를 겪을 것이다. 누구는 처음으로 매일 각성된 상태였다고 하고, 또 누구는 자신의 의식과 지식의 밑바닥을 들여다보는 과정이었다고 한다. 아직 투고하지 않은 첫 원고는 아무래도 상관없다. 그 지점이 바로 작가가 되는 시작점이다.

좋은 책, 나쁜 책, 이상한 책
① 좋은 책

　우선 시대가 인정했던 명저는 제쳐두고 말하자. 박경리의 《토지》나 조정래의 《태백산맥》, 미국의 경제학자 제레미 리프킨Jeremy Rifkin의 《엔트로피》와 같은 책이 나쁜 책일 리는 없지 않은가. 베스트셀러나 스테디셀러가 아닌 책을 놓고 이야기하자.

　'좋은 책'이라는 의미는 주관적일 수 있다. 저자가 생존했을 땐 출판사에서도 고개를 저었던 책이었지만, 죽은 후에 진가를 인정받은 비운의 명작이 있고 널리 알려지진 않았지만 소수의 계층에게 뜨겁게 사랑을 받아 가늘고 기다란 국수처럼 개정에 개정을 거듭해 살아남는 책도 있다. 부동산 투자로 수십억을 벌었다는 제목 하나로 베스트셀러에 등극한 책도 있으니, 사람의 욕망을 그대로 드러낸 책이라고 나쁜 책은 아닐 것이다. 많이 팔리지도 않고 생명력도 짧지만 어떤 이에겐 "바람이 분다. 살아야겠다."[2]와 같은 깨달음을 주는 시詩도 좋은 책이다. 필자가 생각하는 좋은 책은 자신의 쓰임, 그 소명을 다한 책이다.

책이 살아야 출판사는 다음 책을 낼 수 있고 작가는 인세를 받아 다른 책을 쓴다. 이것은 출판시장의 법칙이다. 하지만 어떤 책들은 많이 팔리는 것을 목표로 하지 않고 특정 독자에게 말을 걸거나 영감을 선사하는 데 그 목적을 두기도 한다. 그 목적을 충족했다면 좋은 책이다. 원로 문인들은 대수롭지 않은 일상과 관념의 찌꺼기를 모아놓은 것만 같은 90년대 생들의 가벼운 에세이가 10만 부 이상 팔려나가는 세태를 이해하지 못한다. 하지만 그 책들이 누군가에겐 치유의 언어로 심장에 남았다는 것이 중요하다.

몇 년 전 지인의 부친이 돌아가셔서 장례식장에 갔다. 상주는 부고를 전하며 조문객에게 화환을 받지 않겠다고 밝혔는데, 나는 빈소 복도에서 그 이유를 알게 되었다. 화환 대신 놓인 건 고인의 청년 시절부터의 사진들이었다. 빈소에 놓인 TV에선 부친의 생전 모습을 담은 영상과 함께 생전 가장 즐겨 불렀다던 최백호의 '낭만에 대하여'가 흘러나왔다. 세상에 호상好喪은 없다지만, 빈소에선 곡소리 대신 가족의 웃음소리가 흐르고 있었고 장례식장은 따뜻했다. 나를 가장 놀라게 한 것은 조문함 옆에 놓인 고인의 자서전이었다. 80쪽

---

2) "Le vent se lve! Il faut tenter de vivre!". 프랑스 시인 폴 발레리(Paul Valery)의 《해변의 묘지》에 나오는 문구다. 우리나라에선 남진우 시인으로 인해 다른 의미로 쓰이곤 한다.

정도 되는 책에 고인의 삶이 과장 없이 정갈하게 담겨있었다. 장례식장의 몇몇은 식어가는 육개장을 앞에 두고 책에서 눈을 떼지 못하고 있었다.

그 집 막내는 아버지의 팔순을 앞두고 주말마다 아버지를 인터뷰하며 글로 옮겼단다. 팔순 잔치 때 책 300부를 찍어 친구와 친족에게 보내고 남은 책 200여 부를 보관하다 장례에 참석한 이들에게 주었다. 식장 복도의 '갤러리' 역시 막내가 아버지의 자서전을 출간하며 준비해두었던 이미지가 있었기에 가능했다고 한다. 지루한 일상을 견디시던 아버지는 주말마다 찾아온 막내에게 무용담을 들려주는 것이 행복했을 것이고, 자녀는 아버지를 아버지 이전에 고된 시절을 이겨온 한 남자의 이야기로 받아들이며 새로운 눈을 떴을 것이다. 자신의 삶을 과장 없이 반추하며 한 줄씩 눌러쓴 회고록을 가진다는 것은 아버지에겐 어떤 의미였을까. 이 책은 장례식의 백미였고, 이후 손주들에게도 좋은 기록으로 남을 것이다.

나는 그 집 막내가 집필한 아버지의 회고록을 '좋은 책'이라고 생각한다. 이 책은 당사자인 아버지는 물론 가족과 친지, 문상객 모두에게 특별한 감동을 주었으니 기록문학 그 이상의 역할을 해낸 셈이다. 책의 사명은 이런 것이다. 목적에 대한 충족이다. 출판계에서 좋은 책이란 많이 팔리거나 오래 살아남는 책이다.

많이 팔리진 않아도 어떤 이들에겐 전설처럼 읽히는 책이 있다.

미국과 유럽의 모터사이클 마니아들이 바이크 입문을 위해 읽는 필독서 중 하나인 《Twist of the Wrist》다. 바이크 운동 원리에 대한 잘못된 상식을 과학으로 뒤집은 책이다. 가파른 곡선 길과 빗길에서 라이더의 생존본능이 어떻게 참사를 일으키는가를 증명하며 안전하고 효과적인 라이딩 기술을 일러준다. Keith Code는 이 책을 캘리포니아 바이크 스쿨 수강생을 위한 교재로 만들었다. 그런데 책으로 나오자 모터사이클 라이더들은 가뭄에 단비처럼 받아들였다. 이걸 영상으로 만든 것이 《Twist of the Wrist II》인데 라이더들은 그냥 "코너링 바이블"이라고 부른다. 바이크를 진지하게 대하는 입문자들은 누구나 보는 영상이다. 물론 지금은 더 고급스럽게 편집된 콘텐츠가 많아졌다. 그래도 라이더들은 이걸 본다. 모터사이클 스포츠의 기초과학이라고 생각하니까. 당연히 이런 책은 좋은 책이다.

최종수의 《새와 사람》[3]도 좋은 책이다. 몇 년 전 '새를 지켜보는 재미'에 푹 빠져있을 때 이 책은 필자를 '탐조 세계'로 안내하는 더할 나위 없는 길잡이였다. 우리나라를 찾는 새에 대한 정보도 풍부하지만, 사람과 새와의 생태 연관성에 대해서도 영감을 주는 책이다. 무엇보다 수십 년의 경험이 오롯이 들어간 책은 좋은 책이다.

2019년은 3·1운동 100주년이자 임시정부 수립 100주년이 되던 해였다. 항일투쟁을 조망하는 책들이 많이 나왔는데, 조한성 작

3) 최종수. 《새와 사람》. 그린홈(2016).

가의 《만세열전》[4]이 눈길을 끈다. 많이 알려진 지도자들이 아니라 3·1운동을 기획하고 실행했던 학생들을 한 명씩 소환한 책이다. 이를 위해 조한성 작가는 몇 년에 걸쳐 일제의 범죄기록조서와 재판기록을 조사했다. 많이 팔리진 않았다. 우리가 김구와 유관순, 홍범도를 기억하지만 역사의 엔진을 돌린 주역들은 그저 '이름 없는 영웅들'이라 부르고 넘어갈 때, 그는 그들의 이름과 헌신을 또박또박 책에 담았다.

　대형서점의 MD들은 내용도 좋고 평가도 좋은데 잘 안 팔리는 책을 두고 그저 '안타까운 책'이라고 한다. 독자들이 많이 읽지 않았기에, 그 "좋다."라는 평가조차 보편적이지 않을 수도 있다. "많이 읽힌 책은 우선 좋은 책일 가능성이 높지만, 좋은 책이라고 많이 팔리진 않는다."이 말이 아마도 출판업에서 책을 보는 공통적인 관점일 것이다. 하지만 현실에서 책의 부상과 추락은 그런 이치로 돌아가진 않는다. 우린 지금 들어도 뛰어난 음악인데 당대에 인정받지 못한 뮤지션이나, 획기적인 발명을 했지만 성공하지 못한 사람들을 두고 "시대를 너무 앞서갔다."고 표현한다. 책도 그렇다. 그 시대 대중의 소비 코드에 따라 책은 뜨고 지고 사라진다. 불꽃처럼 타오르다 휘발되어 누구도 기억하지 못하는 베스트셀러는 많다. "좋은 책인가?"라는 질문으로는 다 담을 수 없는 소비 트렌드다. 하지만 세월을 견뎌 오래 살아남는 책은 분명 좋은 책이다.

---

4) 조한성. 《만세열전》. 생각정원(2019).

좋은 책, 나쁜 책, 이상한 책
② 나쁜 책

2009년 〈김창렬의 포장마차〉라는 편의점 음식이 출시되었는데 소비자들은 가격 대비 너무나 저렴한 맛과 양에 격분, "창렬하다."[5]고 조롱했다. 이 표현은 처음엔 은어slang였지만 워낙 많은 네티즌이 사용해 준 표준어 대접을 받고 있다. 김창렬은 이후 해당 업체로 인해 본인의 명예가 실추되었다며 손배소송을 했지만 패소했다. 재판부에선 부실하긴 하지만 못 먹을 정도의 제품은 아니고, 오히려 김창렬의 평소의 악동 행실에 따른 이미지가 이 사건의 촉발점이 되었을 수도 있다고 판시해 원고를 두 번 죽였다.

---

5) 반대말로 "혜자스럽다."라는 표현도 있는데, 이는 〈김혜자의 00도시락〉 가성비가 좋다는 뜻으로 사용된다.

과한 예가 될 수도 있지만 이처럼 예상과 다른 과대포장 된 책, 함량 미달의 정보가 담긴 책이 나쁜 책이다. 어떤 책 리뷰를 꾸준히 하는 한 네티즌은 '독서법'에 관한 제목의 책을 주문해 받아들곤 분개한 나머지 출판사와 저자를 맹비난하는 글을 올렸다. 자신은 더 체계적이고 효과적인 독서 방법을 원했고 책의 제목과 목차를 보며 확신했지만, 막상 책을 펼쳐보니 독서로 인해 저자가 얼마나 발전했는지에 대한 자기 자랑으로 가득 차 있었다는 주장이다.

제대로 모르고 쓰는 책도 최악이다. 중국에서 10년 살았다는 저자가 쓴 대륙의 문화와 관련한 책을 읽은 적이 있다. 그는 중국인의 이기적 태도와 관련해 메이꽌시沒关系[6]문화의 저변을 설명하면서 문화대혁명을 언급했다. 문제는 그가 문화대혁명과 대약진운동을 구분하지 못할뿐더러, 국가와 당의 관계, 중국 사법제도에 대해서도 완벽히 모르고 있다는 점이었다. 전문가 수준까진 바라지 않았으니, 차라리 아는 것만 정직하게 썼으면 좋았을 것이다. 나중 우연히 방문한 지인 사무실에서 냄비 받침대로 전락한 그 책을 보았다.

가장 충격적인 기억은 15,000원 정가의 책을 주문해 받았을 때였다. 책장을 열자 활자는 14포인트, 이마저 여백의 아름다움만이 남은 180쪽짜리 책이었다. 글의 90%는 저자의 블로그에 이미 연재되었던 내용과 조금도 다르지 않았다. 블로그 내용을 모아서 책으로

---

6) "괜찮다." 혹은 "나와는 상관없다."

내는 경우가 있는데, 블로그 구독자들의 요구와 소장 가치가 있을 때의 일이다. "우선 SNS에 연재하고 책으로 내라. 그럼 포털사이트에서 당신 이름을 검색하면 책이 뜨고 이력이 생긴다."며 종용하는 '책 만들기 전도사'들의 영향을 받았는지도 모르겠다. 외국 철학책을 번역하면서 철학적 개념을 엉뚱한 단어로 대치하거나 본뜻을 임의로 풀어 쓴 괴작怪作도 있다. 오죽하면 관련 학문의 교수들이 나서서 절판 및 회수를 주장할까. 해당 국가의 말을 잘한다고 그 분야에 정통한 건 아니다.

나쁜 책은 표절 논문처럼 생산되기도 한다. 지금은 모든 대학에서 논문과 보고서 표절을 막기 위해 '카피킬러'라는 프로그램을 사용한다. 인용이 많은 논문의 특성상 어느 정도 이상의 지나친 표절 결과가 나오면 심사에서 탈락한다. 다양한 책의 정보를 짜깁기해서 마치 자신의 독창적인 생산물인 것처럼 만든 책이 있다. 이들은 언어의 장벽을 십분 활용한다. 주로 외국논문 내용을 짜깁기해 재편집한다. 1권의 명성을 이용해 1권을 카피한 2권을 파는 저자도 있다. 물론 2권의 내용 전부가 1권은 아니지만 1권의 절반가량을 부록형식으로 만들거나 인용하는 형태다. 작가들도 여기에 동참한다. 단편소설은 문집의 형태로 나올 수밖에 없음에도 불구하고, 이런 점을 악용해 각기 다른 출판사에 출판권을 설정해 2권엔 1권의 내용 1/3을 집어넣고 3권엔 2권의 내용 1/3을 집어넣는 식이다. 중복된 작품을 제외하면 사실 2권의 전집으로 끝날 것을 3권으로 엮어 파는 사례도 많다.

아수라 백작 같은 책도 나쁜 책이다. 하나의 책이 마치 다른 이가 쓴 것처럼 보이는 책이 있다. 전반부는 그럴듯한 전개로 이어지다 중간부터 형편없는 함량으로 이어지는 책들. 이유는 두 가지다. 원래 쓸 수 있는 이야기는 100쪽인데, 출판사에서 250쪽은 나와야 한다고 채근해 억지로 이야기를 채집한 경우. 전반부는 해외사례를 소개하고 후반부는 자신의 사례를 소개하는데, 진짜는 전반부고 후반부는 볼품없는 짝퉁인 경우나. 국내 굴지의 대기업에서 창의력을 높이기 위해 조직문화 실험을 했다는 책이 있는데 이 책의 전반부는 행동주의 심리학, 신경인류학, 구글의 문화 등을 소개해 흥미롭다. 하지만 막상 자신이 실행했다던 조직문화 실험은 헛웃음이 나올 정도로 의미 없는 짝퉁 캠페인이었다. 계열사 사장이 보면 흡족할 만한 책이다. 이 책이 제법 팔렸다는 것이 중요하다. 삼성, LG, 현대 등 재벌기업의 이름을 걸고 조직문화를 혁신했다는데, 중소기업 임원들이라면 혹하지 않겠는가. 이런 책은 의외로 많다.

셀 수도 없을 만큼 많은 함량 미달의 책들이 지금도 인쇄소에서 찍히고 있고, 그만큼의 책들이 박스공장에 폐지로 넘겨진다.

좋은 책, 나쁜 책, 이상한 책
③ 이상한 책

　경제학자 토마 피케티Thomas Piketty의 《21세기 자본》은 읽지 않았어도 들어본 적은 있는 책일 것이다. 피케티는 유럽 고소득 국가의 300년 치 데이터를 분석해 자본의 수익률이 높아질수록 경제 불평등은 더욱 심화되었다는 결론을 내렸다. 주류경제학은 큰 충격을 받았는데, 자본의 성장이 경제주체들을 동반 성장시키고 확신해 낙수落水효과를 불러온다는 기존 경제학의 명제를 뒤흔든 주장이었기 때문이다. 2013년에 나와 이듬해 국내에 소개된 이 책은 영문판만 50만 부가 나갔고, 세계적으로 220만 부가 팔렸다. 국내에서도 10만 부가 팔렸는데 '피케티 신드롬'이라 불릴 만큼 바람이 거셌다.

　이 책이 다시 회자된 건 완독률 때문이다. 팔린 규모에 비해 완독률은 역대로 가장 낮은 책이었다. 사실 《21세기 자본》은 경제학을 제대로 배우지 않았다면 읽기도 어렵고, 이해하기란 더욱더 힘든 책이다. 무려 820쪽인데 모든 챕터가 논문의 완결태다. 무엇보다 경제학 용어와 산식(算式)을 알지 못하면 80% 이상은 외계어로 보인다. 이 책을 읽기 위해 한 독서 모임에선 경제학부 대학원생을 초빙해 6개월 동안 진도를 나갔다고 한다. 책의 1부를 읽다 지쳐 서재에 모셔둔 사람이 많을 것이다.

《DEATH 죽음이란 무엇인가》[7]도 필자가 보기엔 이상한 책이다. 물론 필자는 이 책을 매우 인상 깊게 읽었고, 몇 구절은 무릎을 치며 보았다. 하지만 무려 520쪽의 책이다. "죽음 후에는 아무것도 없고, 이를 인식할 수 있는 나 자신도 없다. 죽음은 그야말로 끝이다. 그렇다면 어떻게 살아야 할까."라는 간명한 결론을 내기 위해 방대한 논증을 거친다. "예일대 17년 연속 최고의 명강의", "아이비리그 3대 명강의"[8]라는 타이틀이 없었다면 이 책이 베스트셀러에서 몇 년을 버틸 수 있었을까. 아이비리그 3대 명강의라는 근거는 2012년 출판사의 서평에서 처음 등장한 이래 수많은 매체에서 따라 했는데, 그 이전엔 국내 어떤 매체도 '아이비리그 3대 명강의'라는 표현을 사용하지 않았다. 2년 전 출판된《정의란 무엇인가》에는 이와 같은 홍보 문구가 전혀 없다. 출판사의 마케팅 전략이었을 것으로 추정할 뿐이다.

---

7) 셸리 케이건. 박세연 역.《DEATH 죽음이란 무엇인가》. 엘도라도(2012).
8) 하버드대학 마이클 샌델 교수의 "정의(JUSTICE)", 하버드대학 탈 벤 샤하르 교수의 "행복(HAPPINESS)", 예일대학 셸리 케이건 교수의 "죽음(DEATH)"이라고 한다.

1998년 국내에 소개된 《총, 균, 쇠》[9]는 무려 15년이 흐른 2013년에 역주행, 베스트셀러에서 1년간 머물렀다. 이 책이 스테디셀러이긴 했지만 느닷없이 베스트셀러 1위를 탈환한 힘은 의외의 곳에 있었다. "서울대 도서관 10년간 대출 1순위"라는 기사 때문이었다. 2013년 12월 1일 보도가 나간 다음 날 인문서 부문 1위를 차지했고 하루 판매량은 6배나 뛰어올랐다. 서울대생 대출 2순위는 《두근두근 내 인생》[10]이었는데 이 역시 다음 날 베스트셀러로 직행했다. 물론 동명의 영화 제작발표 소식도 한몫했을 것이다.

2013년 SBS 드라마 〈별에서 온 그대〉에선 《에드워드 툴레인의 신기한 여행》[11]을 노출했고, 2016년 tvN 드라마 〈도깨비〉에선 시집 《어쩌면 별들이 너의 슬픔을 가져갈지도 몰라》[12]가 지속적으로 시청자들에게 어필됐다. 단순 노출이 아니라 주요장면의 내레이션으로 사용할 만큼 비중 있게 다뤄졌다. PPL[13]인 셈이다. 드라마 방영이 끝난 후에도 이 책들은 오랜 기간 베스트셀러로 남았다. 2018년 방영된 tvN 드라마 〈김 비서가 왜 이럴까〉에선 책 《모든 순간이 너였다》[14]가 반복 노출 되었다. 이 책은 베스트셀러를 넘어 2018년

9) 재레드 다이아몬드. 《총, 균, 쇠》. 김진준 역. 문학사상사(2005).

10) 김애란. 《두근두근 내 인생》. 창비(2011).

11) 케이트 디카밀로 글. 배그램 이바툴린 그림. 김경미 역. 《에드워드 툴레인의 신기한 여행》. 비룡소(2009).

12) 김용택. 《어쩌면 별들이 너의 슬픔을 가져갈지도 몰라》. 위즈덤하우스(2015).

13) product placement advertisement. 특정 기업의 협찬을 대가로 영화나 드라마에서 해당 기업의 상품이나 브랜드 이미지를 소도구로 끼워넣는 광고기법.

14) 하태완. 《모든 순간이 너였다》. 위즈덤하우스(2018).

에 가장 많이 팔린 책이 되었다. 책의 내용까지 노출되는 PPL은 회당 수천만 원이 넘는데, 책 판매수익을 따지면 광고비에 비견할 바가 아니라 한다. 흥미로운 점은《어쩌면 별들이 너의 슬픔을 가져갈지도 몰라》와《모든 순간이 너였다》는 모두 위즈덤하우스에서 낸 책이었는데, 독자들은《모든 순간이 너였다》라는 제목을 보고 순간 드라마 〈도깨비〉의 대사를 떠올렸다고 한다. 이는 출판사 에디터의 전략적 기획이 아니었을까 생각한다. 이 책들은 형편없는 책인데 광고로 대박을 친 것일까? 그렇지 않을 것이다. 드라마 작가와 제작진이 형편없는 책을 전면에 노출해 홍보하진 않는다. OST[15]와 같이 드라마의 정서를 온전히 이어갈 수 있는 책을 PPL 한 것이다. 그런데 만약 인기 드라마의 PPL이 없었어도 이 책들이 베스트셀러에 올랐을까? 그 가능성은 매우 희박하다고 본다.

필자가 꼽은 '이상한 책'들은 사실 이상한 책이 아니다. 모두 독특하거나 좋은 상품이다. 오히려 책에 대한 시장의 반응이 재미있지 않은가. 좋은 콘텐츠는 어찌 되든 팔린다는 말은 진실일까? 그렇진 않다. "팔리지 않은 좋은 책도 많고 대박을 낸 책 대부분은 좋은 '상품'이었다."라는 게 사실에 가까울 것이다. 책은 상품이지만, 공산품과는 달리 지식시장에 나오면 일정한 문화적 법칙의 규율에 적용 받는다. 대중은 어떤 콘텐츠를 원하는가. 그 이유는 무엇인가. 다음 꼭지부터 풀어보자.

---

15) 오리지널 사운드트랙(Original SoundTrack): 영화, TV 시리즈, 비디오 게임의 사운드트랙.

욕망과 결핍의 아이콘, 베스트셀러

2016년에 《82년생 김지영》이 나왔다. 조남주 작가는 기존에 '문학동네 소설상'을 받은 등단 작가였음에도 민음사의 일반 투고창을 통해 투고했다. 원고의 형식이 새롭고 여성의 경력단절이라는 소재도 당시에는 참신했다. 원고가 좋다고 판단했던 편집자는 회사에 "1만 부, 자신 있습니다."라고 기안을 올렸고, "한두 번도 아니고, 뻥 좀 그만 쳐라."는 임원의 답변을 들어야만 했다. 결국 목표 판매량을 8,000부로 낮춰 올렸다고 한다. 국내에서만 130만 부가 팔렸고, 대만에선 전자서적 1위, 중국에선 나오자마자 소설 부문 베스트셀러. 일본, 영국, 프랑스를 비롯한 17개국에 판권이 팔렸다. 동명의 영화는 367만 명의 관객을 모았다. 민음사에 따르면 한국소설의 판권을 사기 위해 유럽의 출판사들이 서로 경쟁적으로 '출판 프로젝트'까지 상세히 공개하며 정성껏 로비하는 모습은 매우 이례적인 일이라 한다. 미국 타임지(TIME)는 '2020년 꼭 읽어야 할 책 100'에 이 책을 올렸다.

소설 분야 베스트셀러가 3만 부를 넘기기 어려운 점을 고려하면 2007년 《칼의 노래》, 2009년 《엄마를 부탁해》 이후 9년 만에 나온 밀리언셀러다. 《82년생 김지영》은 소설이었지만 빠르게 정치화되었다. 이 책에 대한 안티테제(反定立)로 《82년생 심지영 그리고 90년생 김지훈》이 나왔고 인터넷에선 《92년생 김지훈》 등이 미러링 되었다. 동명의 영화가 개봉하고 책에 대한 사회적 논란이 거셀수록 책은 역주행해 베스트셀러를 탈환하는 기염을 토했다. 작품에 분노한 남성들은 김지영의 환경은 너무나 구시대이며 비현실적이라며 제목을 《62년생 김지영》으로 하는 것이 옳았다고 반박했다. 하지만 소설의 주인공은 늘 가장 첨예한 갈등과 심각한 모순에 놓이도록 설정한다는 것을 참작하면 소설을 다큐로 받아쳤다는 느낌이 적지 않다. 책에 대한 평단의 반응도 갈렸다. "캐릭터가 보편적이고 균질적이어서 지나치게 당대 여성의 삶을 일반화했다."는 평가와 함께, "작품 속 여주인공은 수동적이며 답답한 골방에 갇혀 파괴되었지만, 작품을 본 사람들을 행동에 나서게 했다."는 등.

저자가 써서 보낸 원고의 원래 제목은 《820401, 김지영》이었다. 1982년 4월 1일, 그러니까 만우절의 농담만큼 가볍게 태어난 여자아이다. 제목을 두고 남성 편집자가 낸 아이디어는 《여자사람, 지영》이었단다. 《82년생 김지영》은 태아감별이 역대로 심각해 많은 여아(女兒)가 낙태되었던 시절이었다. 이 시기를 살아온 80년대 생 여성을 상징하는 제목으론 손색없어 보인다. 작가 조남주는 1978년 생이다. 2015년 12월에 민음사는 투고를 받아 출판을 결정했는데, 책이 출간된 2016년은 강남역 살인사건에 이어 한국의 '미투 운동' 이 거세게 타올랐던 시기다. 책의 내용이나 작가의 태도에 대해 다른 입장이 있을 순 있다. 하지만 100만 부 이상 팔린 책이 의미 없는 목소리일 리는 없다. 주 고객층은 20, 30대 여성들이었지만 초기엔 부부가 함께 읽는 사례도 많았고 남성들의 반응 역시 좋았다. 책이 남녀 대결의 이슈가 되기 전까지는 말이다.

판매목표가 8,000부였다는 건 에디터의 통찰이 짧았다는 말 아닐까. 하지만 출판사의 추정은 합리적이었다. 조정래 작가 반열의 국민작가의 대하소설이 아닌 이상 소설이 1만 부 팔리면 그야말로 대박이었던 시절이다. 지금은 5,000부도 많이 나간 것이라고 하니 말이다. 분명한 건 민음사라는 대형 출판사의 통밥으로도 가늠되지 않는 그 무엇이 있다는 것 아닐까? 필자는 그것을 감춰진 대중의 열망이라고 본다. 얼음장 밑에선 강력한 담론으로 역동하고 있는데 표면에서 아직 미미하게 보이는 이슈를 정밀하게 대변하는 작품이 나오면 대중은 열광한다. 다만 그것이 무엇인지에 대해 정확히 말하기 어려울 뿐이다. 대중문화와 사회의식의 변화지점을 정확히 포착하는 능력, 엄밀히는 반걸음 앞에서 예비하는 능력, 이런 것이 출판인의 통찰력 아닐까?

필자가 《82년생 김지영》을 사례로 든 이유는 작품의 사회적 성격에 관해 이야기하기 위해서다. 모든 작품은 저자의 의도와 관련 없이 사회적 맥락 아래 읽힌다. 즉 사회적 성격을 가지게 된다. 시대의 변화, 세태의 목소리, 드러나지 않은 이야기들, 특정 집단의 움직임 등 이 모든 것이 출판의 목적과 소재가 될 수 있다는 이야기다.

1993년에 300만 부가 팔려나간 소설이 있었는데 김진명의 《무궁화꽃이 피었습니다》다. 이듬해 만화가 이현세의 《남벌》이 종이 만화로는 이례적으로 주요 대형서점의 베스트셀러에 올랐다. 《무궁화꽃이 피었습니다》는 남북합작으로 핵을 개발해 일본을 굴복시켜서 동북아 질서를 재편한다는 내용이고, 《남벌》은 한국이 북한의 미사일 전력을 이용해 일본을 징벌하는 내용이다. 당시 청장년층을 중심으로 번졌던 '이제는 당하지 않는 강한 대한민국'이라는 애국주의 열망을 직설적으로 활용한 작품이었다. 당시 한국의 경제성장률은 6.3%였던 것에 반해 일본은 2.5%로 '버블 붕괴'라는 경제추락을 계속할 때였다.

1994년 그룹 '서태지와 아이들'의 노래 〈발해를 꿈꾸며〉가 젊은 이들의 마음을 움직인 건 우연이 아닐 것이다. 한국 남성들의 열망은 계속 이어졌다. 1999년, KBS는 〈역사스페셜; 추적! 환단고기 열풍〉을 방영했다. 대부분의 사학자가 편성을 만류하며 불편한 심기를 감추지 않았고 강력한 비판이 이어졌다. 제작진은 해당 프로그램을 방영할 수밖에 없는 이유로 다음과 같이 해명했다. "시청자 게

시판을 몇 년째 압도적으로 달군 방영요청이 바로 '우리 민족의 잃어버린 상고사 〈환단고기〉'를 다뤄달라는 것이었습니다."

시간이 흘러 지금 대학생의 보편적인 목표가 대기업 정규직이나 공무원이고 직장인의 꿈은 건물주인데, 이건 뚜렷한 욕망이다. 이 이슈를 부동산 정책이나 사회 양극화로 가져가 이야기를 풀어내는 사람들이 있고, 무한경쟁에서 부속품처럼 마모된 이들에게 위안과 치유를 주는 책도 있다. 하지만 평생 자본의 노예가 되어 임금소득으로 연명하지 않기 위해 '개인 재정독립'을 위해 금융 소득자로 살자고 추동하는 책도 있다. 최근 2030 동학개미들의 적극적인 주식 투자와 부동산 열풍을 단순히 황금만능주의로 받아들이면 변화의 핵심을 잘 못 읽은 것이다. 결국 20년 전부터 세계인의 화두가 되었던 '라이프스타일'의 문제다. "착한 삶 vs 나쁜 삶", "성공한 삶 vs 실패한 인생"이라는 이분법에서 벗어나 "구체적으로 어떻게 살 것인가"에 대한 것이다.

가진 것을 최소화하고 소비의 굴레에서 벗어나려는 미니멀라이프minimal life와 청년 주주운동이 각기 다른 지향을 가진 것은 맞지만, 자본과 임금노동이라는 보편적인 고용관계의 사슬을 끊고자 하는 인간의 욕망은 같다. 그래서 서점의 평대엔 자존감이 떨어진 임금노동자의 상처를 치유하는 에세이가 쌓이고, 바로 옆엔 투자 귀재들의 자기계발서가 팔리고 있다. 많이 팔리는 책은 구성원의 결핍이라는 싱크홀과 사회의 욕망이라는 분화구, 이 두 가지를 다룬다.

베스트셀러,
그 미묘한 오리지널리티

어떤 책이 많이 읽힌다는 것은 대중의 욕구를 예리하게 담았거나, 날카로운 질문을 던졌다는 의미다. 책의 시류는 결국 사람과 사회의 변화에 그 답이 있는데, 이런 걸 다루는 학문이 인문학이다. 인간에 대한 인류의 모든 탐구를 인문학Humanities이라 하고 객관세계(자연)에 대한 연구를 자연과학Natural Science이라고 한다. 과거엔 자연과학에 대비해 사회를 탐구한다고 사회과학Social Science이라고도 표현했다.[16] JTBC의 〈차이나는 클래스〉, tvN의 〈어쩌다 어른〉, 〈알쓸신잡〉, KBS1의 〈명견만리〉, 〈역사저널, 그날〉, CBS의 〈세상을

---

16) 하지만 사회과학이 사회운동을 규정하는 법칙을 규명하는 과학적 방법론인데 여기서 그 '과학'이라는 것인 '사회를 인식하는 객관적(물적) 방법론'을 뜻하기 때문에 자연과학과 정확히 구분할 수 있는 것은 아니다. 학문이 고도화되고 융합되면서 더는 과거의 규정이 변화를 담지 못하게 된 것. 현재까지도 각 대학에선 사회과학과 인문학의 개념을 섞어서 사용한다. 정치학, 경제학, 법학, 자본주의 연구 등이 사회과학이라면 인문학은 종교, 철학, 문학, 역사, 심리, 인류사 등 고대에서부터의 인간에 대한 탐구 대부분을 포괄한다.

바꾸는 시간 15분〉, MBC의 〈선을 넘는 녀석들〉 ……. 모두 인문학 채널이다. 인문학 채널은 스타강사를 배출하고 스타강사는 "출판깡패"가 되어 책만 내면 베스트셀러를 차지한다.

　건국 이래 우리 국민이 이토록 인문학 공부에 빠져있던 적이 있었나. 누구는 인문학 열풍이 "애플은 과학기술과 인문학의 접점에 있다."고 한 스티브 잡스 때문이라고도 한다. 한국인이 과연 성공에 대한 욕망 없이 움직이겠냐는 말인데, 실제로 사업의 성패는 결국 미래에 대한 예측력이고, 이 예측력은 인문학에서만 얻을 수 있다는 인문학 강사의 발언도 심심찮게 접하게 된다. 인문학 열풍이 워낙 거세다보니 회식 대신 인문학 강연을 듣게 하는 회사도 생겼고, 인문학 도서를 읽고 10분 안에 요약 발표하는 TED[17]식으로 조회하는 사장님도 있었다. 2018년에 나오자마자 베스트셀러가 된 《퇴근길 인문학 수업》[18]이 이런 사회적 흐름을 반영한 출판이었다. 이후에도 시리즈는 쉬지 않고 나왔는데, 1편 〈멈춤〉, 2편 〈전환〉, 3편 〈전진〉, 4편 〈관계〉, 5편 〈연결〉에 이어 6편 〈뉴노멀〉이 근작이다. 인문학 집대성의 느낌이다. 2019년의 《지적 대화를 위한 넓고 얕은 지식》 시리즈나 《1일 1페이지, 세상에서 가장 짧은 교양수업 365》[19)

17) TED(Technology, Entertainment, Design)는 미국의 비영리 재단에서 운영하는 강연회. 정기적으로 기술, 오락, 디자인 등과 관련된 강연회를 개최한다. 최근에는 과학에서 국제적인 이슈까지 다양한 분야와 관련된 강연회를 개최한다.
18) 백상경제연구원, 《퇴근길 인문학 수업》, 한빛비즈(2018).
19) 데이비드 S. 키더, 노아 D. 오펜하임, 《1일 1페이지, 세상에서 가장 짧은 교양수업 365》, 위즈덤하우스(2019).

역시 베스트셀러에 진입했다. 서브타이틀이 거의 약장수 버전인데, 현대인의 인문학에 대한 욕망을 이렇게 풀어 썼다. "하루 1분이면 세계의 모든 지식이 내 것이 된다."

2014년 인문교양 부문 베스트셀러는 마이클 샌델Michael J. Sandel의 《정의란 무엇인가》였고, 2017년은 유시민의 《국가란 무엇인가》였다. 2014년 4월엔 세월호 참사가 있었고 사회 양극화에 대한 관심이 집중되었던 해였다. 2017년 3월엔 헌정사상 초유의 대통령 탄핵이 있었고 그는 박 전 대통령에 탄핵심리가 한창이던 1월에 이 책을 냈다. 이미 2011년 돌베개에서 출판되었던 책이었음에도 시민의 관심이 모두 '국가의 미래'에 쏠려 있을 때 개정판을 낸 것이다. 시대정신이라는 말은 적어도 한 세대 정도의 사회적 변화와 구성원들의 지향점을 담는 말이었다. 물론 시대정신이 금방 바뀐다면 이를 시대정신이라 부를 수 있겠냐마는, 지금은 1~2년 간격으로 짧아진 느낌이다.

인문학 열풍과 함께 '치유에세이'는 하나의 장르가 되었다. 《괜찮지 않은데 괜찮은 척했다》, 《혼자가 혼자에게》, 《여자로 살아가는 우리에게》, 《애쓰지 않고 편안하게》, 《나는 자주 죽고 싶었고, 가끔 살고 싶었다》, 《내가 죽으면 장례식에 누가 와줄까》, 《이유가 많으니 그냥이라고 할 수밖에》, 《위로받고 싶은 날의 보노보노》, 《나는 나대로 살기로 했다》, 《하마터면 열심히 살 뻔했다》, 《미움 받을 용기》, 《무례한 사람에게 웃으며 대처하는 법》, 《사랑한다고 상처를 허락하지 말 것》, 《곰돌이 푸, 행복한 일은 매일 있어》 등이 그렇다.

안타까운 일이지만 20대 여성을 타깃으로 한 치유에세이는 더욱더 많아질 전망이다. 2019년 20대 여성의 자살률은 전년 대비 25.5% 늘었다. 코로나로 직격탄을 맞은 2020년 1월~8월 간 자살을 시도했던 20대 여성은 전체 자살 시도자의 32.1%로 전 세대를 통틀어 가장 많았다. 2020년 3월에만 여성 노동자 12만 명이 직장을 잃었고 1996년생 여성 자살률이 1956년생 여성에 비교해 7배 높아졌다는 보고가 나왔다.[20] 한국의 20대 여성 노동자들이 느끼는 우울감을 코호트 효과[21]라고 분석하는 학자도 있다.

2017년에 가장 많이 팔린 책은 이기주 작가의 《언어의 온도》다. 지금까지 170만 부가 넘게 팔렸다. 흥미로운 건은 이 책은 작가가 출판사 간섭 없이 책을 만들기 위해 1인 출판사를 만들어 낸 책이라는 점이다. 누구나 쉽게 읽을 수 있는 가벼운 에세이집이다. 2016년 여름에 나온 책이 이듬해 봄에 갑자기 수직 상승해 베스트셀러에 올랐는데, 통상 출판 후 3개월에 90% 정도의 책이 나가고 이후엔 별 볼 일 없다는 출판계의 정설을 깨뜨렸다. 《언어의 온도》가 출간되었던 2017년 12월까지의 판매량 중 2016년은 고작 3.3%에 불과했다.[22] 문단은 물론 출판계에서도 이 책의 판매부수는 미스터리였다.

20) 임재우. 〈조용한 학살', 20대 여성들은 왜 점점 더 많이 목숨을 끊나〉. 한겨레신문 (2020.11.14).
21) cohort effect. 특정한 행동양식을 공유하는 인구집단.
22) 손민호. 〈올해 가장 많이 팔린 책 작가 이기주 "여태 여섯 번 실패…"〉. 중앙일보 (2017.12.20).

작가의 인지도는 물론이고 책의 내용이나 형식 모두 특별하지 않았기 때문이다. 그의 후속작 《말의 품격》, 《글의 품격》 역시 나오자마자 베스트셀러에 올랐고 《언어의 온도》는 지금까지도 스테디셀러다. 《언어의 온도》 이후 '언어'와 '품격'은 출판계의 중요한 키워드가 되었다. 우연인지는 모르겠지만, 이후 제목에 '언어'와 '품격'이 들어간 책이 쏟아져 나왔다.[23] 문단과 출판계에선 지금도 이 책의 대박 기원을 명쾌하게 밝히지 못하고 있다.

필자는 이 책의 제목과 작가의 프로필에 끌려 읽게 되었다. 글과 문장에 대한 책에 흥미가 많은지라, 사람의 말과 글에 대한 이야기인 줄 알고 골랐다. 개인적 체험이지만, 이후 나와 같은 이유로 책을 읽었다는 이들을 많이 만났다. 필자를 매혹한 건 '저자 소개'였다. 몇 년생에 고향이 어디고 어느 매체를 통해 등단했고 수상경력이 어떤지, 그리고 그 흔한 발문[24] 또한 없었다.

글을 쓰고 책을 만든다. 쓸모를 다해 버려졌거나 사라져 가는 것에 대해 쓴다. 가끔은 어머니 화장대에 담담히 꽃을 올려놓는다.

자기소개를 이렇게 과장 없이 쓸 수 있다면 내용에도 거품이 없

---

23) 《보통의 언어들》, 《부자의 언어》, 《우리가 녹는 온도》, 《문장의 온도》, 《시의 온도》, 《장미의 온도》, 《관계의 온도》, 《사랑의 온도》, 《인간의 품격》, 《태도의 품격》, 《태도의 품격》, 《과학의 품격》, 《행복의 품격》, 《학교의 품격》, 《의심의 품격》, 《유머의 품격》, 《정치의 품격》, 《일터의 품격》, 《나이 듦의 품격》, 《욕의 품격》, 《어른의 품격》, 《사장의 품격》, 《노트의 품격》 등.
24) 발문은 시집이나 에세이에 문인이 글에 대한 해설, 리뷰 형식의 글을 책의 말미에 싣는 것을 말한다.

을 것이라 믿었다. 이 책의 폭발적 인기의 원인을 단언하기란 쉽지 않다. (필자는 한 번 읽고 두 번 다시는 책을 열어보지 않았다.) 분명한 건 이 책을 견인한 계층이 30대 여성이고, 인스타그램에서 공유하기 가장 좋은 형태의 단문이었다는 점. 또한 독서 취향에 관련 없이 누구에게 선물해주어도 그럴듯한 아우라를 가진 제목과 내용이었다는 점이다. 늙은 노모에 대한 이야기가 이따금 나오는데, 지친 직장인이 집에 돌아와 날카로운 마음을 치유하기엔 좋은 서적이라는 생각을 했다. 필자는 이 책 역시 '치유에세이'라고 분류한다.

2019년엔 김영하의 《여행의 이유》와 최승필의 《공부머리 독서법》이 가장 많이 팔렸다. 김영하는 훌륭한 작가지만 예능프로그램 〈알쓸신잡〉에 출연하기 전까지 그의 작품 판매량이 많지 않았다는 점을 고려한다면 TV 출연이 한몫 했다고 봐야 하지 않을까. 마찬가지로 2018년에 가장 많이 팔린 책은 하태완의 《모든 순간이 너였다》였다. 연애에 얽힌 달콤한 솜사탕 같은 이야기다. 이 역시 같은 해 방영되었던 tvN 드라마 〈김비서가 왜 이럴까〉를 통해 PPL 하지 않았다면 불가능한 일이라고 본다. 그리고 《공부머리 독서법》은 엄마들 입소문과 어린이집, 독서교사 등 아동교육 관련자들의 추천으로 대박을 낸 책이다. 저자가 아이에게 직접 했던 독서체험 공부교육 이야기를 담았는데, 목적이 뚜렷하다. 바로 공부다.

베스트셀러 저자나 출판 담당자들은 입을 모아 말한다. 이 정도로 뜰 줄은 몰랐다고. 반대로 대박이 날 줄 알고 큰 금액으로 판권을 사들였던 해외 소설이 중박도 못 터뜨린다. 폄훼로 들릴지 모르겠지만, 베스트셀러는 뛰어난 문학성이나 정보의 함량, 문장력이나 놀라운 체험 이런 것과는 관련이 없다. 전술했듯이 책은 상품이라는 인식에서 출발해야 한다. 책 역시 소비문화의 정점에 있다. 책은 문화상품이라는 특성을 가진다. 대중의 소비양상 또한 문화로 접근해야 한다. 당시 트렌드를 형성한 책을 보지 않으면 계층의 문화 흐름에서 이탈한다는 생각을 갖는 독자층이 있고, 또 특정 책을 사는 것만으로도 자신이 더 세련되어지거나 지적이라고 느끼는 독자들이 있다. 단편소설은 심각해서 마음이 무겁고 장편을 읽기는 부담스럽고, 딱딱한 내용엔 눈길을 주지 않았던 독자가 영화를 보러 갔다가 극장 아래층의 서점에서 책 한 권을 고른다면 쉬운 산문집(에세이), 아니면 대중적 시어를 구사하는 인기작가의 시집, 혹은 재미있는 인문학 서적일 가능성이 크다. 방송이나 유튜브에 자주 출연했던 저자라면 더 유리할 것이다.

2000년대 들어 해마다 가장 많이 팔린 책 리스트를 보면 책이 유행을 타고 있다는 것을 읽게 된다. 시대의 휘발성 있는 트렌드이거나, 남들은 보지 못했던 아픈 상처거나, 숨기지 못하는 강렬한 욕망의 시류다. 시류는 파도와 같아 밀물이 있고 썰물이 있다. 하나의 시류를 다른 트렌드가 덮으며 전진하는 것, 그것이 출판시장이다. 시류를 읽어 유사한 책을 따라 하는 것을 아류라고 한다면, 사람들이 느끼는 결핍감과 사회의 벽에 부딪히는 소리에 반응해 첫 목소리를 내는 건 '오리지널리티originality'다.

출판시장의
오해와 이해

6천 개의 출판사가 6만 종을 찍어낸다

우리나라에서 한 해 출판되는 책은 어느 정도일까. 2019년 통계에 따르면 65,432종이다. 부수로 계산하면 9,979만 3,643부, 평균 발행 부수는 1,525부다. 아동·학습지가 상당수 차지하고 있고 그 외 분야의 책들은 모두 1,000~1,200부 정도를 찍었다. 슬픈 현실이지만 순수과학과 예술 분야의 책은 700부 정도가 평균이었다. '발행'했다고 책이 다 팔리진 않는다. 실제 판매된 부수를 감안하면 500부 정도가 아닐까 추측한다. 〈2019 출판산업 실태조사〉[25]에 따르면 단행본 유통업체의 한 해 입고 부수가 59만 3,039부인데 비해 반품 부수

---

25) 한국출판문화산업진흥회. 〈2019 출판산업실태조사 – 2018년 기준〉(2019).

는 24만 3,012부였다. 40%가 넘는 반품률이다. 이 중 절반이 파쇄공장으로 보내진다. 출판사에서 판매부수가 1,000부를 넘기면 왜 가슴을 쓸어내리는지 이해되는 대목이다. 하루에 181권이 세상에 쏟아지는 셈이다. 책의 평균 정가는 16,000원, 평균 면수는 278쪽이었다.[26]

보통 500부가 팔리고 작가는 64만 원을 번다

만화와 아동 학습지를 제외하면 1년에 대략 5만 명 정도의 저자가 책을 내서 평균 500부 정도를 판매한 것 같다. 도서정가 16,000원에 평균 8%의 인세를 적용하면 한 사람이 벌어들이는 인세는 64만 원 정도 되는 셈이다. 여기서 자비출판 서적이나 종교시설 등에서 자체 교육을 위해 출판된 책을 제외하면 이 수치는 훨씬 떨어질 것이다. 계산을 이렇게 추측할 수밖에 없는 이유는 국내엔 아직 서적 판매량을 통합 고시하는 시스템이 없기 때문이다. 해당 출판사와 귀신만 알고 대형 서점조차 자신의 플랫폼에서 팔린 부수만 알 수 있는 구조다. 서적 판매량과 유통이 불투명한 구조는 출판시장을 왜곡한다. '도서 사재기'가 대표적이다. 출판사가 마케팅 업체에 의뢰하면, 업체는 북클럽 등의 회원들에게 특정 서점에서 해당 도서를 사게 하고 책을 샀다는 인증만 하면 1만 원의 상품권을 주거나 서점 회원 정보를 이용해서 마케팅 업체가 대량 구매하는 게 고전적인 사재기 방식이다.

---

26) 대한출판문화협회, 〈2019 출판통계〉(2020). 국립중앙도서관에 납본된 책을 기준으로 집계한 것이다.

7만 출판사 중 6천 곳만 살아남았다

그렇다면 우리나라의 출판사는 몇 개나 있을까. 2020년 11월 현재 문화체육관광부에 등록되어 폐업하지 않은 출판사는 총 73,580개다. 이 중 6만 7천여 개의 출판사는 대부분 책 한 권에서 끝나거나 단 한 권도 출판하지 못한 출판사일 것이다. 폐업 신고만 안했을 뿐 사실상 개점 휴업상태다. 2019년 상반기 동안 책을 단 한 종이라도 낸 곳은 5,720개사며 모두 42,533종을 발행했다.[27] 6개월 동안 평균적으로 출판사 한 곳에서 7.4종을 발행한 셈이니, 국내의 의미 있는 출판사는 6천 개 미만이라고 봐야 한다.

연간 억 단위 순익을 내는 출판사는 상위 0.01%

대형 출판사는 어떤 곳을 말하는 것일까. 금융감독원에 회계감사 결과를 보고하는 70개 정도 출판사를 주요 출판사로 분류하는 것 같다. 금융감독원에 공시하는 기업은 상장사이거나 자산총액 1천억 원이 넘는 비상장사이기 때문에 이를 기준으로 보는 것이다. 물론 공시하지 않는 대형 출판사도 있다. 2018년 기준, 70개 대형출판사는 최고 7천억 원에서 최저 37억 원까지 매출을 올린다. 영업이익은 731억 원에서 −165억 원까지 분포되어 있어 비교가 의미 없을 정도다.[28] 매출과 영업이익이 비할 바 없이 높은 곳은 대부분 교과서

---

27) 임남숙, 《5,720개사에서 42,533종 발행; 2019년 상반기 출판산업 동향》, 대한인쇄문화협회 (2020).
28) 한국출판저작권연구소, 〈2019 출판시장통계 보고서〉(2020).

제작사나 학습지 배포를 겸하고 있는 출판사다.

이 중 단행본 출판사 25곳만 집계하면 최고 매출 338억 원에서 최저 11억 원으로 분포되어 있다.[29] 영업이익[30]이 가장 큰 곳이 38억 2천 6백만 원을 기록한 민음사였고, 매출 1위인 위즈덤하우스는 영업이익에서 20억 원이나 적자를 기록했다. 25개 대형 출판사의 평균 영업이익은 2억 4천만 원이었다. 여기서 기계석이시만 단순한 결론이 나온다. 책을 내고 있는 출판사 중 1년에 억 단위로 이익을 남길 수 있는 출판사는 상위 0.01%에 불과하다. 그리고 한국의 가구 평균 1년 서적 구매비는 11,690원이다.[31]

베스트셀러 욕심보다 꾸준히 새로운 이야기를 던지는 책

출판시장을 분석하면 우리는 2가지 사실을 확인할 수 있다. 세상에 작가는 많고 대부분 1,000부를 넘기지 못한다. 그리고 99%의 작가는 집필활동만으로는 생활을 유지하기가 마땅치 않다. 책을 내기

---

29) 위즈덤하우스, 시공사, 문학동네, 북이십일, 김영사, 창비, 웅진싱크빅, 길벗, 민음사, 알에이치코리아, 다산북스, 학지사, 마터텅, 아가페, 비룡소, 한빛미디어, 넥서스북, 박영사, 쌤앤파커스, 영진닷컴, 가나문화콘텐츠, 계림북스, 을유문화사, 자음과모음 학습서, 개암나무 등.
30) 영업이익=매출액−매출원가−(일반관리비+판매비). 일반관리비와 판매비는 상품의 판매활동과 기업의 유지관리 활동에 필요한 비용으로서 인건비, 세금 및 각종 공과금, 감가상각비, 광고선전비 등을 들 수 있다. 영업이익이 높다고 당기순이익이 높아지는 건 아니다. 시설투자나 부채비율 등으로 영업이익은 흑자인데 순이익은 적자가 날 수 도 있다. 반대로 영업이익이 마이너스이더라도 영업외수익이 대거 발생하면 당기순이익이 나올 수 있다. 보유자산을 팔아도 영업외수익이 발생한다.
31) 위의 자료. 통계청. 〈2019 가계동향조사〉 재인용.

도 쉽고 저자가 되기도 어렵지 않지만 세상에 좋은 영향을 미칠 만큼의 작가가 되기는 쉽지 않다는 사실이다. 부정적 전망을 말하고자 하는 것이 아니다. 오히려 책을 내고 저작권을 지니는 것을 조금 쉽게 보고 도전하라고 권하고 싶다. 베스트셀러는 역동하는 민심이 만드는 것이기 때문에 저자가 욕심낸다고 되는 것도 아니다. 하지만 특정 분야에서 신뢰할 수 있는 작가는 될 수 있다. 500부를 목표로 하고 책을 내는 것도 좋다. 무조건 첫 책을 히트시켜야 한다는 부담은 덜어내자. 현실적이지도 않고 장기적으로도 도움이 안 된다. 500부와 3,000부의 판매수입은 하늘과 땅 차이지만, 이를 결정하는 요소는 모호할뿐더러 마케팅의 사소한 지점에서 영향을 받기도 한다. 하지만 100부와 500부의 차이는 꽤 크다. 100부는 상품성이 없는 책이라는 뜻이니까. 베스트셀러에 대한 욕심보다 자기 스타일을 구축하며 꾸준히 독자를 확보하는 것이 우선이다.

치유에세이는
어떻게 대세가 되었나

적어도 한 달에 한 권 정도의 책을 구매해서 읽는 독서층은 어떻게 형성되어 있을까. 우선 우리나라 국민의 54.4%는 1년에 단 한 권의 책도 사지 않는다. 책을 아예 사지 않는 연령대는 50대가 63%. 60세를 넘어가면 비율이 70%까지 올라간다. 책을 정기적으로 구매하는 연령은 20대에서 40대 중반으로 집중된다. 그중에서도 연간 10만 원 이상 책을 구매하는 연령대는 30대 여성(15.6%)이 가장 많다. 20대와 40대에선 완만하게 떨어졌다.[32] 도서 적극 구매층이 연령층만을 기준으로 분포하는 건 아니다. 소득수준이 높은 고학력 화이트칼라 계층은 그렇지 않은 대조군에 비해 연령대에 상관없이 4배 가까운 도서구매비용을 지출하고 있다. 통계대로라면 화이트칼

---

32) 문화체육관광부. 〈2019 국민독서실태 조사〉. (2020).

라 고소득 30대 여성군이 우리 출판시장의 견인차 역할을 하고 있다.[33] 따라서 출판사 입장에선 20, 30대 여성의 마음을 매료시킬 수 있는 테마에서 벗어나기가 쉽지 않을 것이다.

이런 점에서 2016년에 방영한 tvN 드라마 〈도깨비〉에서 도깨비가 들고 다녔던 서적,《대장부의 삶》[34]이 흥미로웠다. 조선 시대 선비들의 서한을 다룬 책인데, 역사 서적은 당시 남성 독자들의 마당이었기 때문이다. 출판사가 회당 수천만 원을 훌쩍 뛰어넘는 PPL 비용을 어떻게 회수할 수 있었을까 궁금했다.

서점에 진열된 책을 보면 사회의 상처가 보인다

사실 이 통계에서 드러나지 않은 응답자들의 욕망은 후반부의 질문에 숨겨져 있었다. "참여하고 싶은 독서 프로그램이 무엇인가." 라는 질문에 34.2%의 응답자는 독서 치유를 받고 싶다고 했다.[35] 굳이 여기서 한국사회의 살인적인 경쟁률이나 우울증, OECD 자살률, 사회 양극화까지 언급하지 않더라도 우리 사회가 아픈 건 확실하다. 한국사회 특유의 위계와 타인의 시선까지 더해지면 '타인은 지

---

33) 흥미로운 건 초·중·고교생들이었다. 학습지와 수험도서를 제외하고 연간 21권 이상 읽는다는 응답자가 31.5%에 달했다. 혹시 수능논술이나 국어를 대비해 읽지 않을까 생각했지만 그것도 아니었다. 응답자 대부분은 새로운 지식을 얻는 것이 즐겁다고 답했다.

34) 임유경, 《대장부의 삶 – 옛 편지를 통해 들여다보는 남자의 뜻, 남자의 인생》, 역사의아침 (2007).

35) 복수응답이 가능한 설문으로 독서치료 〉 독서캠페인 〉 도서행사 〉 기타 〉 독후활동.

책이 밥 먹여준다면

54

옥'이 된다. 사회적 관계에서 이를 해소하지 못하니 미디어를 통해 이를 해소하려 한다. 《트라우마 한국사회》, 《가짜 자존감 권하는 사회》의 저자 김태형 심리학자는 "오늘날 한국인들은 '내가 너보다 더 잘났다.'는 우월감을 느끼는 데에서 삶의 기쁨을 찾고 자신의 존재가치를 확인하려 한다."며 "왜 우리 사회가 '힐링'을 모토로 '가짜 자존감'에 목을 매야 하는지"에 대해 분석했다. 이 치유와 위로의 콘셉트는 20년째 지속되고 있다.

잘 나가는 북 트렌드라는 건 사회구성원의 은밀한 욕망을 투영하기도 하지만, 사회의 결핍을 반영하고 있기도 하다. 젊은 여성을 위한 〈치유에세이〉가 아예 베스트셀러 트렌드로 굳어진 현상이 대표적이다. 실제로 '북 컨설턴트'나 '책 심리치료사'들은 단순히 취향과 정서에 적합한 책을 선별해 추천해주는 일만 하는 것은 아니다. 고액의 심리 상담을 해주는 수준까지 발전했다. '인지 심리학'과 '행동주의 경제학'까지 섭렵한 이들은 낡은 습관과 사고방식 때문에 자신이 가난하고 불행하다고 믿는 이들에게 책을 추천해주기도 한다.

작품을 통해 아픔을 치유하고 심리적 공황에서 벗어날 수 있게 해주는 건 사실 현대 대중문화의 핵심 트렌드이기도 하다. 마치 심장에 구멍이 난 것처럼 심연에서 고통 받다가 수면 위로 부상한 이들은 자신에게 그 삶의 부력을 선사해준 책의 특별한 문장에 대해 말한다. 세계적인 아티스트 방탄소년단BTS의 노랫말이 자신의 삶을 바꿨다는 체험이 유독 미국에서 많이 쏟아지는 이유도 이와 다르지 않다고 본다. 애플의 창업자 스티브잡스는 "소크라테스와 한나절을 보낼 수 있다면 애플의 모든 기술을 주어도 아깝지 않다."고 말했다고 하는데, 워런 버핏Warren Buffett과의 한 끼 식사에 65만 달러를 쓰는 사람들의 심리 역시 마찬가지다. 인생의 사표師表를 만나기 위해서라면 그 정도는 큰돈이 아닐 수도 있다. '사람의 행동을 바꾸는 메시지의 가치'는 이런 것이다.

그 책, "읽고 싶다"에서 "가지고 싶다"로

빅테이터 전문가들은 습관처럼 서점에 들른다고 한다. 서점의 표지를 보고 사회의 화두와 대중의 관심사를 읽는 것이다. 그렇다고 어떤 책이 많이 팔리니 그것이 시대의 트렌드라고 단정하긴 어렵다. 대중의 소비 취향은 그렇게 단순하지 않기 때문이다. 일본의 아이돌 전문 방송사는 한국 젊은이들의 새로운 트렌드를 흥미롭게 조망한다. 한국 아이돌의 일상을 담는 방송이나 비하인드 영상 등에 빠지지 않고 등장하는 것이 바로 책이다. 아이돌은 자신이 읽은 책을 인스타그램에 올리거나 팬들에게 자신의 인생 책을 추천한다. 팬들은 이 책이 고전이든 새로운 에세이든 가리지 않고 구매한다. 그렇게 자신의 아이돌과 교감하고 싶은 것이다.

세계적인 아이돌 그룹 방탄소년단BTS이나 갓세븐GOT7의 진영이 대표적이다. 방탄소년단의 리더 남준RM의 독서목록은 실시간으로

공유되고 팬들은 이 책을 함께 읽는다. 헤르만헤세Hermann Hesse의 《데미안》, 무라카미 하루키むらかみはるき의 《해변의 카프카》,《노르웨이 숲》, 조조 모예스Jojo Moyes의 《미 비포어 유》, 어슐러 K. 르귄 Ursula Kroeber Le Guin의 《오멜라스를 떠나는 사람들》, 알베르트 까뮈 Albert Camus의 《이방인》, 제롬 데이비드 샐린저Jerome David Salinger의 《호밀밭의 파수꾼》, 더글라스 애덤스Douglas Adams의 《은하수를 여행하는 히치하이커들을 위한 안내서》등이 팬들에게 공유되었고 이 책들은 순간 역주행을 했다. 출판계에도 영향을 미친 이른바 'BTS 셀러'다. 이 책 중 상당수는 그들의 노래와 뮤직비디오를 이해하는 토대로 활용된다. 노래 한 곡으로 완성되지 않고 해마다 쌓여가는 노랫말로만 완성되는 'BTS 세계관'의 영토가 문학작품이라는 사실 이 놀랍지 않은가.

이뿐만이 아니다. 책은 젊은이들에게 고급스러운 영혼의 패션으로 정착된 지 오래다. 2000년대 초 "취미가 뭡니까?"라고 물었을 때 '독서'라고 하면 촌스러운 대답으로 받아들여졌다. 독서는 취미가 아니라 그저 인간인 교양 있는 인간으로 성장하기 위한 마음의 양식 이었으니까, 독서가 취미라는 말은 그만큼 책과 멀어져 있다는 고백 이기도 했다. 누구도 자신의 취미가 '밥 먹는 것'이라곤 말하지 않을 테니까 말이다. 지금의 책 한 권은 한 장의 노래 CD이자 멋진 코트, 명품 가방이 된다. 그래서 독서는 지금 아우라 있는 취미로 받아들여진다. 젊은 층이 "독서가 취미다"라고 말을 한다면 그저 책 읽기를 좋아한다는 뜻이 아니라 책을 자신 문화생활의 핵심요소로 받아들였다는 이야기다.

인스타그램에 넘쳐나는 책 표지 사진과 뮤지컬 티켓은 무엇을 의미할까. 책과 예술이 자신의 취향을 드러낼 수 있는 가장 중요한 문화적 패션으로 정착되었다는 것을 의미한다. 그래서 책은 단순히 읽고 싶은 것에서 가지고 싶은 것으로 진화한다. 책의 제목과 표지, 그리고 두꺼운 질감의 그립감을 강화하는 방향으로 진화하고 있는 이유 중 하나다. 책이 사회의 결핍과 욕망과 문화에 직접적으로 영향받는다는 것을 이해한다면, 책이 가장 예민한 트렌드 상품 중 하나라는 것을 받아들일 수 있을 것이다.

chapter 2

一

책 쓰기

"한 편의 단편소설을 써내고 그것을 찬찬히 다시 읽어보고 쉼표 몇 개를 삭제하고 그러고는 다시 한 번 읽어보고 똑같은 자리에 다시 쉼표를 찍어 넣을 때, 나는 그 단편소설이 완성되었다는 것을 깨닫는다."

— 무라카미 하루키의 글 중*에서.

*무라카미 하루키(むらかみはるき, 村上春樹), 양윤옥 역,《직업으로서의 소설가》, 현대문학 (2016), 164쪽.

당신의 투고가 거절당하는
7가지 이유

"작가님의 원고를 검토했지만, 우리 출판사의 편집 방향과는 맞지 않아 진행은 어려울 것 같습니다."

이런 답신을 받으면 투고한 저자는 답답해서 미칠 지경일 것이다. 왜, 무엇이 부족해서 안 되는지 일러주기라도 하면 방향이라도 수정할 텐데 말이다. 웬만한 중견 출판사의 에디터는 매일 20여 개이상의 투고를 받고 빛의 속도로 걸러낸다. 메일의 첨부파일조차열지 않을 때도 허다하다. 출판제안서(기획안)만 읽어봐도 저자의기초소양이 대부분 드러나기 때문이다. 에디터가 원고를 꼼꼼히 읽을 정도라면 가능성이 매우 크다. 하지만 다수의 원고는 그 자체로함량 미달이다. 이때, 출판사 에디터는 그 원고를 왜 책으로 만들 수없는지 작가에게 설명하지 않는다. 굳이 정성을 들여 불편한 관계를 만들 이유가 없기 때문이다. 출판사에서 정성껏 만드는 책은 대부분 기획출판물이다. 출판사에서 작가를 섭외해 테마를 제안하면 작가가 글을 쓰는 방식이다. 출판사는 기획출판을 통해 매출을 노린다. 따라서 불확실성이 크고 함량이 떨어지는 투고는 그리 중요하게 생각하지 않는다. 이미 출판 일정이 가득 차 있다면 굳이 투고받은 원고를 뒤질 필요가 없다. 지명도 없는 작가가 첫 책을 내는 일이 그리 간단치 않은 이유다.

그렇다면 원고들은 왜 에디터의 손에서 잘려 나가는 걸까. 세계적으로 5억 부 이상 팔려나간 《해리포터》시리즈의 작가 조앤 K. 롤링Joan K. Rowling조차 원고를 12곳으로부터 거절당한 끝에 성공했으니, 결국 편집자의 안목이 문제였을까. 《해리포터와 현자의 돌》을 한 작은 출판사가 내기로 했을 때 조앤 K. 롤링에겐 복사할 돈조차 없어 원고를 모두 타이핑해서 출판사에 보냈다는 일화는 유명하다. 초판은 500부에 불과했다. 하지만 볼로냐 아동도서전Bologna Children's Book Fair에서 스콜라스틱 출판사의 편집자 아서 레빈이 이 책에 꽂혔다. 스콜라스틱은 아동도서와 교과서 등을 만드는 미국 출판계의 큰 손이다. 책은 《해리포터와 마법사의 돌》이라는 이름으로 미국인의 혼을 빼놓았다. 이런 스토리를 듣다 보면 작품의 진가를 알아보지 못한 보수적인 에디터가 작가의 앞길을 막는 것처럼 보인다. 그리고 당신의 원고가 '해리포터 시리즈'처럼 유망하지 않다고 단정할 순 없다. 하지만 대부분의 투고는 출판 편집자에게 유망하지 않게 보인다. 왜 그럴까.

당신이 원하는 책인가, 독자들이 원하는 책인가

문학이나 인문 · 교양서적은 다르겠지만, 상당수의 초보 작가는 자신의 경험을 토대로 글을 쓰려 한다. 에세이나 자기경영 분야 투고가 상당히 많은데, 결국 작가의 경험과 사유의 깊이가 걸림돌이 되곤 한다. 누가 봐도 특별하지 않은 세계여행 경험이나 부모님과 다시 손을 잡는 과정, 은퇴 후 창업 실전 이야기를 아무런 차별성 없이 써서 투고하는 경우다. 이미 더 특별한 작품이 바람을 탄 지 오래고 비슷한 테마의 책이 많다면 출판사에선 그 원고에 매력을 느끼지 못한다. 누구나 자신의 삶은 애틋하고 경험은 소중하다. 하지만 출판은 사회적 영역이다. 자신에게 소중했던 이야기가 독자들에게도 유용하리라는 법은 없다. 소설가들이 가장 진부하게 생각하는 말이 있다. "내 얘기를 책으로 내면 소설책 몇 권은 나온다."고 하는 어르신의 말씀이다. 위인전이나 자서전이라면 맞는 말씀이지만 소설은 그렇게 만들어지지 않는다.

책은 글을 모은 것이 아니다

책 만들기는 글과 달라 좋은 글을 모아 엮는 것이 아니다. 책을 만드는 일은 하나의 콘셉트로 원고 전체를 관통하며 변주를 통해 울림을 주는 작업이다. '밤'과 관련된 책들을 보자. 크리스토퍼 듀드니Christopher Dewdney의 《밤으로의 여행》, 황현산의 《밤이 선생이다》, 카를로 긴즈부르그Carlo Ginzburg의 《밤의 역사》는 제목에 모두 '밤'이 들어갔지만, 실제 내용은 매우 다르다. 《밤으로의 여행》이

밤과 연관된 사물과 현상에 대한 이야기를 문학적으로 풀어냈다면, 《밤이 선생이다》는 그야말로 제목에만 밤이 들어간 출판사의 기획 출판물이다. 그리고 《밤의 역사》는 인류 어둠의 역사를 살펴 그 연원을 추적하는 미시사학의 인문서다. 황 작가의 산문집을 제외하곤 모두 하나의 테마에 따른 변주로 구성되어 있고, 일관성을 유지하고 있다. 책이 콘셉트에 따른 일관성을 유지하는 게 뭐 그리 대단한 일이냐고 반문할지도 모른다. 하나의 테마로 300쪽 분량의 책을 쓸 수 있다는 건 방대한 지식을 하나로 엮을 만큼의 전문성과 내공을 지녔다는 의미다.

《총, 균, 쇠》, 《원소의 세계사》, 《사피엔스》, 《코스모스》와 같은 세계적인 베스트셀러는 거의 평생에 걸친 연구와 탐색이 담긴 결과물이다. 물론 황현산의 《밤이 선생이다》는 훌륭한 철학 산문집이다. 그는 문학평론을 통해 미학 언어를 다듬어 왔다. 대중을 위해 처음 내놓은 책이 《밤이 선생이다》인 셈이다. 평범해 보이는 산문집이지만 여기엔 황 작가만의 콘텐츠, '문학의 언어로 사회 읽기'라는 오리지널리티가 있다.

운전면허시험집의 효능감은 있는가

작가가 '아무 말'이나 하고 있다고 느끼게 하는 책이 있다. 주로 산문집이나 에세이에서 이런 문제가 많이 발견된다. 최근 20, 30대 여성과 경력단절 여성을 대상으로 한 에세이가 인기를 끌자 출판사에 투고되는 '유사원고'도 봇물이 터진다. 블로그에 밤에 읽으면 좋을 말랑말랑한 문장을 연재했는데, 인기를 끌자 출판사는 이를 책으로 냈고, 바로 베스트셀러에 오른 사례가 있다. 대표적으로 흔글(조성용) 작가의 《무너지지만 말아》가 대박을 치자 출판사는 콘셉트가 유사한 작품 3종을 묶은 한정판 스페셜 에디션을 출판했다. 《무너지지만 말아 + 새벽 세 시 + 새삼스러운 세상 세트》다. 앞으로도 SNS를 통해 책이 기획되는 일은 더욱더 많아질 테지만 특정한 시류가 지속되긴 어려울 것이다. 희소성이 사라지면 독자들은 피로하고, 필력 있는 작가들이 너나없이 출판사와 손잡고 유사한 콘셉트의 책을 내면 흐름은 달라지기 마련이다. 책을 구매할 독자는 누구이며, 책의 효능은 무엇인가에 대해 간단하게 답할 줄 알아야 한다. 이런 점에서 보자면 '운전면허시험집'만큼 타깃이 뚜렷하고 효능감을 주는 책이 없다. 대상은 응시생이고, 한 권만 풀어도 필기시험에 합격할 수 있는 그 효능감 말이다.

좋은 문장가도 어쩌지 못하는 사유의 게으름

예전에 한 지인의 부탁으로 다듬어지지 않은 원고를 선별해 편집해주는 일을 한 적이 있다. 우습게도 원고를 부탁한 이는 출판사의 편집장이자 등단한 작가였다. 중이 제 머리 못 깎는다고, 남의 원고만 손질하다 막상 자신의 산문집을 내려니 여간 갑갑한 게 아니었단다. 나는 그가 보내온 원고 중 2/3가량은 사용하지 못할 것 같다고 답했다. 1/3은 앞서 언급한 문장의 유려함 뒤에 감춰진 메시지의 진부함 때문이었다. 적어도 "겨울을 견딘 씨앗만이 땅심을 얻어 줄기를 올릴 수 있다."는 식의 식상한 채근담이 독자에게 줄 것이 없다고 보았기 때문이다. 진짜 문제는 나머지 1/3의 원고였다. 사회적 이슈를 다루는 방식이 부적절하다고 여겼기 때문이다. 일부 꼭지는 사람이 불행함을 느끼는 이유를 사회적 관계의 단절이나 상품소비가 삶의 전부로 느끼는 물신주의 때문이라고 단정하고 있었다. 하지만 이건 상관관계相關關係일 뿐 인과율因果律이 될 수는 없다. 인간이 행복과 불행을 느끼는 원인과 삶의 이치가 그렇게 단순할 순 없다. '무소유'의 생활을 일관되게 실천하신 법정 스님의 에세이였다면 깊은 울림을 주었을 터지만 생계를 위해 고단한 하루를 버티다 사회적 관계가 붕괴되고, 초라한 소비로 잠깐의 행복감을 느낄 수밖에 없는 이들에겐 무료한 이야기다. '아픈 현실에 대한 게으른 진단'만큼 듣는 사람을 화나게 하는 일이 있을까. 작가의 영혼이 나이와 상관없이 날카롭게 벼려져 있어야 하는 이유는 문학의 사명과도 같다. 필자의 생각에 문학의 사명은 무뎌져버린 사회의 굳은살을 파 드러내 통증을 느끼게 하고 각성시키는 작업이다.

탄탄한 문장력과 호흡은 필요조건

글솜씨가 좋다고 좋은 책이 나오는 것은 아니다. 하지만 좋은 콘텐츠라도 문장과 호흡이 형편없으면 10쪽을 넘기기 힘들다. '독서근육'이 잘 발달된 독자들은 출판사의 서평이나 리뷰를 먼저 보지 않고 목차와 저자의 출판 이력, 무엇보다 인용한 문장을 확인하며 책의 토대가 튼튼한지를 확인한다. 즉, 단단한 문장력은 좋은 책의 충분조건이 아니라 필요조건일 뿐이다.

제목(가제)과 목차만으로도 호기심을 부르는가

상당수의 투고가 빛을 보지 못하는 이유는 제목과 목차가 낡았기 때문이다. 제목과 목차 구성이 밋밋한 이유는 작가의 집필(사유)력이 일정 단계에 멈춰 있기 때문이다. 그래서 목차를 보면 하품이 나오고 원고 한 문단을 읽기 어려운 원고는 퇴짜를 맞는다. 출판사에서 가장 많은 공을 들이는 부분이 제목과 부제, 표지 디자인이다. 실제로 3천 부 수준에 그쳤던 책이 다른 출판기획자를 만나 개정판으로 거듭나면서 역주행에 성공해 베스트셀러에 진입할 때가 있다. 대부분 제목과 표지를 바꾸는 리커버 작업을 하고 마케팅 방향도 달리한 사례다. 당연히 편집자들은 제목과 목차를 보며 이게 물건인지 아닌지를 본다.

《당신의 이름을 지어다가 며칠은 먹었다》[1]

《멈추면 비로소 보이는 것들》_ 혜민 스님과 함께하는 내 마음 다시 보기[2]

《하늘 호수로 떠난 여행》[3]

---

1) 박준. 《당신의 이름을 지어다가 며칠은 먹었다》. 문학동네(2012).
2) 혜민. 《멈추면 비로소 보이는 것들》. 샘앤파커스(2012).
3) 류시화. 《하늘 호수로 떠난 여행》. 열림원(2015).

《82년생 김지영》[4)]

《하마터면 열심히 살 뻔했다》_ 야매 득도 에세이[5)].

《죽고 싶지만 떡볶이는 먹고 싶어》_ "자기가 지금 힘든 줄도 모르고 사는 사람이 많아요. 이유 없는 허전함에 시달리면서"[6)]

《제주에 혼자 살고 술은 약해요》[7)]

《방구석 미술관; 오르세 미술관》_ 가볍고 편하게 시작하는 유쾌한 교양 미술[8)]

《기분이 태도가 되지 않게》_ 기분 따라 행동하다 손해 보는 당신을 위한 심리 수업[9)]

제목은 독자의 시선을 잡아끌고 의미를 확장한다. 부제는 책의 주제의식을 강화한다. 물론 출판기획자들은 콘텐츠만 좋으면 책은 잘 팔린다고 한다. 하지만 인지도가 높지 않은 작가의 책이라면 제목이 안 좋은데 잘 팔리지는 않는다.

서점에 이미 차고 넘치는 이야기는 아닌가

책을 출판하는 것은 세상에 없던 이야기를 하는 것이다. 그럴듯한 짝퉁을 만들 생각이 아니라면 이미 출간된 동류의 책을 모두 통

4) 조남주, 《82년생 김지영》, 민음사(2016).

5) 허완, 《하마터면 열심히 살 뻔했다》, 웅진지식하우스(2018).

6) 백세희, 《죽고 싶지만 떡볶이는 먹고 싶어》, 흔(2018).

7) 이원하, 《제주에 혼자 살고 술은 약해요》, 문학동네(2020).

8) 조원재, 《방구석 미술관; 오르세 미술관》, 블랙피시(2020).

9) 레몬심리, 《기분이 태도가 되지 않게》, 갤리온(2020).

독하는 것이 좋다. 아마 꽤 팔린 책들의 특성을 금방 간파할 수 있을 것이다. 뾰족함. 그러니까 좁은 각도에서 특색을 부여한 작품이 대부분이다. 출판 시류에 가장 민감한 이들이 출판사 편집자들이다. 편집을 통해 새롭게 부활할 수 있는 작품이 있고, 바닥이 금방 보여 고쳐 써도 어쩔 수 없는 작품들이 있다. 유사 장르의 책에서 보이는 아쉬움으로 내가 쓰면 이보단 맛나게 쓰겠다 싶으면 참 좋은 테마를 잡은 것이다. 반대로 자신이 하려는 이야기를 다른 책에서 더 뛰어난 방식으로 하고 있다면 원고 기획의 방향은 달라져야 한다. 특정 분야를 파기 위해 공부할 때 한 권만 사서 읽는 사람은 거의 없다. 한 주제에 대한 다양한 관점과 정보를 얻기 위해 샀던 책이 함량 미달의 짝퉁이라면, 당혹감은 이내 배신감으로 변한다. 포털사이트에 올라오는 '진실의 리뷰' 몇 편은 영원히 사라지지 않는다.

출판 가능성이나 원고에 대한 평가는 사실 출판사 편집장에게 듣는 것이 가장 좋다. 그들은 보수적이다. 출판된 책 10권 중 4권이 반품창고에서 썩어가고 있기에 시류를 탄 작품은 유행의 끝물이라며 거절하고, 이색적인 작품은 확장성이 없을 것 같다며 마다하기도 한다. 책의 명운에 대해선 그들이 틀리는 적이 많지만, 적어도 해당 원고가 책으로 출판될 수 있는 수준의 것인지는 귀신같이 안다. 출판사에서 기획방향을 틀어 재편집하자고 제안하는 원고는 이미 출판의 씨앗을 품은 것이다.

우선 써라.
굳은살부터 만들라

　글쓰기 강좌엔 '전업수강생'들이 있다. 무슨 말이냐면, 시나 소설과 에세이 등의 작품창작을 가르치는 문화센터나 글쓰기 아카데미를 옮겨 다니며 수년을 '배우기만 하는' 수강생들이다. 물론 가르치는 선생이나 교육기관 입장에선 이들처럼 고마운 존재도 없을 것이다. 수년간 강좌 쇼핑을 하는 이들의 사유는 다양하다. 글쓰기를 가르치는 작가의 강좌 실력을 확인하기 위해 선생님들을 찾아다니기도 하고, 기존 수업의 작가가 가르치는 방식이 너무 낡았다거나, 자신의 첫 작품을 여러 수강생 앞에서 갈기갈기 해부해 모욕감을 느꼈거나, 작품에 대한 품평이 알 듯 모를 듯 추상적이라 원고를 퇴고할 엄두가 나지 않아서 등등 각양각색이다. 대부분은 수년이 지나도 등단은커녕 출판도 못할 때가 많다. 보통 이런 글쓰기 강좌는 짧게는 10주, 길게는 6개월 과정으로 이어진다.

이런 창작 강좌를 수년간 해 온 시인과 소설가가 있다. A 시인은 순전히 생계를 위해 수업을 한다. 한국 시인의 대다수는 빈곤층이다. B 소설가는 아직 등단하지 못한 젊은이와의 만남이 삶과 창작에 생기를 준단다. 물론 "창작을 과연 수업으로 배울 수 있는가."라는 근원적 질문이 있을 수 있지만, 적어도 내가 이들을 좋은 문인이라 인정하는 이유는 이들이 오늘도 글을 쓰고 책을 내는 등의 치열한 영혼을 잃지 않고 있기 때문이다.

그만 배우고 제발 써라

이들 역시 수강생에 대해 평가를 한다. 서정시인 A는 시를 시처럼 보이려고 시를 '만드는' 수강생이 가장 안타깝다 한다. 시의 어법이나 이미지를 쌓아 올리는 방식에 대해선 가르칠 수 있지만, 자신에게 솔직하지 않은 시는 차마 보기도 싫다는 말이다. 시를 좋아하면 수백 권의 시집은 쉽게 읽고, 또 좋은 표현은 자신의 노트에 적어두곤 하는데 시를 시적으로 보이기 위해 상투적 표현을 빌려오고 내용조차 진부할 때가 그렇다고 한다.

소설가 B의 고민은 조금 다르다. 일정 기간 창작 수업을 하면서 수강생들이 작품을 제출해야 하는데, 종강할 때까지 작품을 내지 않는 이들이 많다고 한다. 이럴 땐 이렇게 말한다고 한다. "좋은 작품을 만들기 이전에 제발 써라."라고.

낭비되는 글쓰기는 없다

평생 싸구려 와인과 경마를 벗 삼아 아파트 구석에서 은둔했던 찰스 부코스키Charles Bukowski. 1920-1994는 독특한 스타일로 미국 문단에 큰 자극을 준 문인이었다. 당대 젊은이들이 그의 문체를 따라 쓰는 열풍이 불었을 정도다. 중년이 될 때까지 작품을 인정받지 못한 그가 〈콜로라도 노스 리뷰〉의 편집자에게 보낸 편지의 내용 일부다.

"내구성 없는 재능은 빌어먹을 범죄요. 그들이 부드러운 덫에 걸린다는 뜻이오. 그들이 칭찬을 믿었다는 뜻이고, 그들이 금방 안주해버렸다는 뜻이지. 작가는 책 몇 권 썼다고 작가가 아니라고. 작가란 문학을 가르친다고 작가가 아니라고. 작가란 지금. 오늘 밤. 지금 이 순간 쓸 수 있을 때만 작가요."10) — 1990년 9월 15일.

사실 이 문제는 작가의 생명력에 대한 문제다. 책 몇 권 쓰고 개점 휴업하는 작가가 될지 칠순이 넘어도 아침에 노트북을 여는 것이 즐거운, 영원한 작가로 남을지에 대한 문제다. 부코스키는 원고를 퇴짜 맞은 경험을 이렇게 표현한다.

"글쓰기란 죽이게 재미있는 게임이죠. 거절당하면 더 잘 쓰게 되니까 도움이 되고, 수락 받으면 계속 쓰게 되니까 도움이 됩니다."

---

10) 찰스 부코스키. 박현주 역. 《글쓰기에 대하여》. ㈜시공사(2016). 303쪽.

유명해지기 위해 글을 쓴 이들은 유명해지면 돈이 목표가 된다. 그의 작품이 퇴락하게 되는 이유가 여기에 있다. 매일 쓰며 사유방식을 다듬는 건 운동선수가 제 근육을 키워 관리하는 것과 같다. 처음에는 매끄러운 글맛을 찾게 되고 그다음에는 문장과 표현에 집중하게 되지만 완숙해지면 더 깊은 내용에 집중할 수 있게 하는 것. 그것이 매일의 집필이 선사하는 내공이다.

일단 글을 써야 자신이 가진 것을 알게 되고 다른 이에게 보여야 자신의 눈엔 보이지 않던 결함을 찾을 수 있다는 말이다. 문장과 구성 등이 완숙해지면 남는 문제는 결국 삶에 대한 관점, 인간관인데, 이는 오직 오랜 기간 조탁해온 자신의 세계관에서 퍼 올리는 것이라 누가 대신 일러줄 수 없다. 골방에서 책을 보며 이를 흡수한 사람의 현실 인식엔 한계가 분명하다. 그래서 매일의 고단한 노동을 견디며 글을 쓰지 않고선 못 견디는 다른 문우들과의 교류는 중요하다.

누더기 원고가 기획의 토대

자신만의 콘텐츠로 책을 내려 하는 사람이라면, 구성이나 자료조사에 앞서 우선 써봐야 한다. 머릿속의 관념을 글로 옮겨야 자신이 손에 쥐고 있는 것과 알고 있다고 착각했던 것들의 실체가 드러난다. 글로 옮기고 나면 이미 다른 저자들이 했던 내용을 반복하는 대목이 보이고, 객관적 실체가 없는 관념 덩어리를 분별할 수 있게 된다. 물론 이 상태로는 '초고'라고 말하기도 어려운 '습작원고'일 수 있다. 발품을 팔아 정보를 더 얻어야 할 때가 있고, 원고를 덮어놓고 공부를 더 해야 할 수도 있다. 아니면 원고의 50%가량을 덜어내야 할 수도 있다. 결국 손에 쥔 것이 번쩍이는지를 확인하는 이 순간이야말로 나는 '진실의 순간'이라 부르고 싶다. 머릿속 관념을 현실적 토대로 만드는 힘 역시 우선 써놓는 것이다. 이런 누더기 원고가 책 기획의 토대가 된다.

매일 쓰되 구성표에 따라 전략적으로 움직여라

예비 작가든 기성 작가든 매일의 글쓰기는 '업業'이다. 머릿속을 휘젓는 것들이 너무 많아 쓰지 않고선 못 배기는 상태라면 최상의 상태다. 하지만 기성작가 대부분이 때론 노트북을 열기도 싫은 날 원고를 진척시키기 위해 자신을 '글 감옥'에 가두는 습관을 지니고 있다. 매일 글쓰기가 왜 중요한지에 대해선 부연하지 않겠다. 출판을 준비하고 있다면 글쓰기 경로를 명료하게 밝히는 것이 좋다.

여기 두 부류의 예비 작가가 있다. 매일 꾸준히 머릿속에 드는 상념을 다듬어 쓰다 원고가 일정하게 찼을 때 출판을 준비하는 사람과 처음부터 책의 콘셉트와 목차를 설정하고 이를 완결하기 위해 조사하며 원고를 쓰는 사람. 필자는 시와 에세이, 회고록같이 일상적 소재와 긴밀히 연결된 장르는 전자의 방식이 좋다고 본다. 시인은 2년간 쓴 200여 편의 시 중 좋은 시 70여 편을 선별해 다시 퇴고하고, 에세이 역시 좋은 것을 선별할 수 있기 때문이다.

하지만 작품 하나가 200쪽을 넘어가는 소설, 드라마나 인문, 기술서적은 후자의 방식이 훨씬 효율적이다. 소설과 드라마는 인물과 사건 지면(회차)마다 할당해야 할 구성요소가 치밀하고 인문, 기술서적은 방대한 데이터를 축적하고 인용처를 명시하며 준비해야 한다. 먼저 잘 쓸 수 있는 부분을 쓰더라도 소제목까지 준비된 목차가 있었을 때 글감을 준비할 수 있다. 소설이나 기술서적은 그저 책상에 앉는다고 글이 나오지도 않을뿐더러, 여러 단편을 모아 짜 깁었을 때 말 그대로 누더기 원고가 되어 이러지도 저러지도 못할 수 있다. 200쪽이 넘는 논문을 써본 이들이라면 알 것이다.

특정 용어와 부호, 표기법을 처음부터 일관되게 사용하지 않고 혼용했을 때 이를 교정하는 것이 얼마나 힘든 일인지. 실제로 출판을 결심하고 어김없이 책이 나오는 사람들을 보면 대부분 출판사와 가계약이 잡혀있는 경우다. 그들은 탈고를 위해 일상을 조직하고 휴가를 반납하는 등의 목적의식적 글쓰기를 한다는 공통점이 있다. 책의 구성과 목차에 따른 핵심내용을 정리하고 이를 〈세부 구성표〉로 설정한다. 그다음엔 집필계획을 잡아 최대한 객관적인 프로세스로 이를 산출한다. 이 프로세스가 결국 자신을 압박하고 전날의 술자리를 후회하게 만들고, 새벽에 벌떡 일어나 글을 쓰게 한다. 즉, 목차는 글쓰기의 강력한 추동력이다.

까칠한 독자를 앞에 앉혀둬라

앞서 본격적으로 원고를 집필하기 전에 자신이 알고 있는 것, 손에 쥔 것을 먼저 끄적거리며 확인하라고 했다. 하지만 본격적인 집필에 들어가면 때론 쓰는 시간보다 생각하거나 정보를 다시 확인하는 시간이 많아진다. 책 쓰기는 '매혹하기'라는 전략이 필요하고, 그 원고는 정합적이어야 한다. 원고 안에서 자신의 주장을 부정하는 모순이 없어야 한다.

어떤 종류의 글들은 논리가 없어도 된다고 생각하기 쉬운데, 좋은 책 중 그런 글은 없다. 소설과 에세이에도 인과와 감정논리가 있어야 하고, 어학서적과 인문서적 역시 사전에 상정한 독자의 인식 흐름을 따라야 한다. 필자는 일반적인 글쓰기와 책 쓰기의 가장 큰 차이점이 이것이라고 생각한다. 책 쓰기는 독자를 대상으로 말을 거는 것이고, 독자의 욕구와 상상을 기준좌표로 설정해 일관된 전개와 글의 함량을 유지해야 한다. 또한 어느 지점에서 독자가 무릎을 칠지, 어떤 대목에서 지루함에 책을 덮을지를 전략적으로 재고하는 작업이다.

책상 너머에 친구나 배우자가 아닌 까칠한 독자가 앉아있다고 생각하고 글을 쓰는 것이 좋다. 이런 습관은 원고의 오류를 사전에 거르는 데에도 도움이 되지만, 나중에 이야기의 종점을 잃어버리거나 인물 성격의 논리적 모순, 자기 철학에의 위배를 깨달아 다시 써야 하는 불행을 피할 수 있기 때문이다.

인덱스(색인)와 자료표를 축적하라

평소 필요한 정보를 출처별로 정리해 파일로 저장해두면 좋다. 그런데 평소 메모하고 자료 정리하는 것을 습관 들이지 않았다면, 인문·과학·기술 영역의 책을 집필하는데 의외로 시간을 허비할 수 있다. 평소 정확한 원문과 저자, 출처를 분류해 PC에 저장해두면 수십 권의 책을 다시 통독하지 않더라도 머릿속에 희미하게 남아있는 정보의 흔적을 컴퓨터에서 금방 추출할 수 있다. 또한 집필에 필요한 자료가 모두 집에 있다면 그나마 수월하겠지만, 그렇지 않다면 자료를 구해 다시 확인하는 데에만 수개월이 훌쩍 지나간다.

책에서 한 줄이라도 인용하려면 해당 문구와 함께 저자, 책 제목, 페이지, 출판사, 발행연도를 알아야 하고 인터넷이나 뉴스를 인용할 때 역시 기사 원문과 언론사, 발행 일시, 기자 이름을 명시해야 한다. 특히, 연구 성과를 책으로 출간할 계획이라면 인용문과 참고문헌이 빼곡하기 마련인데 집필하면서 책상에 책을 산더미처럼 쌓아놓고 찾으면 엄청난 시간이 소요된다. 실제로 첫 논문을 집필하는 대학(원)생들은 더러 일을 두 번 하기도 한다. 시간에 쫓기면 원고량을 채우기 위해 인용문의 원문과 출처, 특정 정보에 대한 기록을 완결적으로 해놓지 않은 상태에서 집필한다. 나중엔 중요정보를 어느 자료에서 봤는지도 헷갈려 참고문헌을 다시 들춰봐야 할 때도 많다.

엑셀 프로그램이나 전자문서 집필 프로그램에는 대부분 색인기 능과 상용구 등록, 하이퍼링크 기능 등이 있다. 이를 활용하면서 관련 자료를 축적하면 당장의 책을 집필하는 데도 도움 될뿐더러 평생의 글쓰기 자산이 된다. 외국어 교육 서적이나 역사서는 방대한 양의 원문 자료나 사료, 한자 등을 써야 하는데, 처음부터 구성표에 관련 자료를 연결해 놓으면 매우 효율적이다. 인물이 많이 등장하는 소설이나 희곡도 마찬가지다. 매 장 등장인물이 나올 때마다 캐릭터와 주변인과의 관계, 사건의 연도, 장소, 해당 연도의 특정 사건, 시대상을 담은 기물 등의 관련 정보를 버무려야 하는 데 이를 초기 구성표와 인물표, 연대기표 등으로 만들어 연동해 놓으면 좋다.

퇴고;
모든 초고는 쓰레기

    《살아있는 글쓰기》[11]의 존 트림블John R. Trimble은 "문장의 전문가들은 집필의 90%가 고쳐 쓰기라는 우울한 진실을 받아들인 사람들"이라고까지 말한다. 고쳐 쓰는 것을 퇴고라 한다. 퇴고推敲는 자구대로 풀이하면 "두드리고 밀친다"는 뜻에 불과하다. 당나라 시인 가도賈島가 길을 가다 좋은 시를 즉석에서 지었다. 시의 마지막 구절(결구)이 승고월하문僧敲月下門, '스님이 달 아래 문을 밀친다.'였다. 가도는 문을 밀친다敲가 좋을지 두드린다推가 좋을지 고민했는데 당대 스타 작가 한유韓愈와 마주친다. 한유는 "두드린다가 더 좋을 듯하다."고 말했고, 두 사람은 둘도 없는 친구가 되었다.

---

11) 존 R 트림블. 이창희 역. 《살아있는 글쓰기》. 이다미디어(2011).

퇴고는 글을 고쳐 다듬는 것인데, 퇴고를 글을 다듬는 '윤문'이라 생각하는 이들이 있는 반면, 작품 전체를 죄다 해부해 나사를 조이고 기름칠을 하는 '다시 쓰기'로 받아들이는 이들도 있다. 문학작품은 '다시 쓰기' 식 퇴고를 많이 한다. 인물의 등장지점이 재편되고 어떤 대목은 여럿의 문단을 날리기도 한다. 시는 행갈이[12]를 달리하고 후반부 두어 개 연을 없애기도 한다. 며칠 묵은 변비처럼 머릿속이 꽉 막혀 글의 진전이 없을 때도 스트레스를 받지만, 대다수 작가는 이 '퇴고의 동굴' 안에 들어가는 순간 극심한 스트레스와 좌절감을 맛본다. 1년 넘게 집적集積한 글의 모순과 과장, 지루한 반복, 감정 과잉에 치를 떨며 제 작품을 다시 보게 된다. 그래서 '퇴고에 들어갔다.'는 말은 작품이 끝났다는 말이 아닌, 작품이 살아남을지 죽을지가 결정되는 외과의의 수술방에 들어갔다는 말이다.

끝없이 고쳐 쓰면 당연히 문장이 좋아질 텐데, 그렇다면 퇴고를 거친 작품에서 발견되는 문장의 약점과 치명적 모순은 어떻게 설명해야 할까?

퇴고는 지겨움과의 싸움이다

오랜 시일에 걸쳐 자신의 작품에 빠져있다 보면 나중엔 노트북을 열기조차 지겨워진다. 첫 작품에는 보통 생애 가장 뜨겁게 폭발했

---

12) 글의 줄을 띄우고 바꿈. 시에선 우리가 흔히 아는 '줄 바꿈'과 '줄 나누기'가 중요하다. 시적 긴장감이나 집중력을 주기 위해 '행갈이'를 한다.

던 이야기를 담기에 자못 열정에 휩싸여 퇴고한다. 하지만 두 번째 작품부터 스스로 보기에도 작품의 완숙도가 떨어지면 퇴고는 더 큰 고역이다. 10번 이상을 고쳐 써야 할 것 같은데도 도통 손이 가질 않는다. 재밌는 건 한 달이 흘러 출판된 책장을 펼치고서야 문제점이 눈에 박히듯 들어온다는 점이다. 퇴고를 탈고脫稿를 위한 마감 단계로 볼 것인지, 아니면 집필의 제2단계로 여기고 심기일전할지 관점이 문제이기도 하다. 당연히 제2의 집필로 여기고 공들인 작품의 완성도가 높다.

골방창작은 퇴고를 의미 없게 만든다

수개월간 자신의 원고에 익숙해진 작가에겐 제 원고를 엄정하게 살필 수 있는 그 '새로운 눈'이 없다. 이미 자신의 작품에 동화되어 있기 때문이다. 이럴 때 문장을 다듬고 단어를 선별해 고치는 작업만으로 퇴고를 마무리할 때가 많다. 특히 생애 첫 책을 내는 초보 작가가 이런 실수를 많이 한다. 제법 원고 분량을 채웠다 싶으면 주변의 문우나 동일 분야의 전문가, 혹은 첫 글쓰기를 이끌어주었던 선배에게 깐깐한 검토를 부탁하면 더 좋다. 감상평은 주변 지인에게 어렵지 않게 받을 수 있지만, 작정하고 달려들어 작품을 뜯어보고 기록하며 첨삭해주는 그 '빨간 펜 정성'을 얻기란 쉽지 않다. 필자는 수년 전 자신을 문단으로 이끌었던 문인에게 꽤 적지 않은 수고비를 주고서라도 신랄한 평가를 받는 이의 이야기를 들었던 적이 있다. 타인의 작품을 위해 일정 기간 집중하고 그 작품 속으로 빠져드는 일은 눈알이 빠질 정도의 고된 정신노동이다.

　방에 틀어박힌 채 원고에 파묻혀 퇴고에 집중하는 작가가 많지만, 나에겐 좀 특별한 방식으로 퇴고하는 친구가 있다. 그는 노트북과 책 10여 권을 배낭에 넣고 지방 도시의 옛날 여인숙을 찾아 며칠을 보내곤 한다. 가끔 바닷가 너럭바위에 앉아 있다가 오고, 외국인 노동자들과 섞여 술을 마시곤 한다. 자신을 낯선 경험에 빠뜨리기 위함이라고 한다. 이렇게 며칠 밤낮을 보내고 돌아오면 다른 시각과 정서로 퇴고할 수 있다고 한다. 문장의 호흡과 그 특별한 정조情操를 놓치지 않기 위해 이에 어울리는 음악을 선별해 온종일 틀어놓고 큰 소리로 읽는 사람도 있다. 풀리지 않는 지점은 이튿날 날이 밝을 때까지 생각을 거듭하다 마침내 하나의 단서를 발견하고야마는 작가도 있다. 작가마다 습관은 다르겠지만, 결국 낯선 시각, 다른 환경으로 자신을 내몰아 원고를 검토하는 건 공통점이다.

부와 장 → 꼭지 → 문단 → 행갈이 → 문장 → 어절(단어) →
문장부사 → 조사/어미 순으로[13]

　2권짜리 책으로 출판할 땐 편 → 부 → 장으로 세분한다. 책 한 종씩 1편, 2편 이렇게 나눈다. 큰 구성을 1부, 2부로 크게 나누기도 하

[13) 출판용어로는 책의 구조를 권(book), 편(part), 부(volume), 장(Chapter), 꼭지(소제목, 절, section)로 세분한다. 옛법에 따르면 책의 구성은 편(篇,Title), 장(章, Chapter), 절(節, Section), 관(款, Sub-section), 조(條, Article), 항(項, Paragraph), 호(號, Sub-paragraph), 목(目, Item)으로 나눈다. 이는 아직 우리 법령체계에 남아있다.

지만 처음부터 장Chapter으로 나눠 세분한 책이 있다. 꼭 이래야 한다고 정해진 건 없지만 쪽수가 400쪽이 넘어가 책의 구성 자체가 방대한 원고는 부 → 장 → 절로 구분한다. 또 내용의 범주가 달라지는 지점에서 부로 나눈다. 논문형 인문서가 주로 이런 분류를 따른다. 하지만 에세이와 같이 내용적 연계가 강하고 쪽수가 많지 않은 책은 장으로 분류하는 것이 보통이다.

퇴고할 때 반드시 거쳐야 하는 절차는 〈논리적 구성〉을 검토하는 것이다. 장 – 꼭지 – 문단으로 이어지는 내용의 묶음과 순서가 적절한지를 본다. 특정 문단이나 꼭지를 떼서 다른 장으로 옮겼을 때 더 자연스러운 곳이 보일 것이다. 이야기의 논리적 구성을 검토해야 하는 이유는 책을 읽는 사람의 인식체계에 따르는 것이 좋기 때문이다. 큰 범주에서 작은 범주로 가야하고, 가벼운 심도에서 깊은 심도로, 추상에서 구체로, 앞의 서술이 뒤의 결론을 자연스레 도출하는 인과관계를 구성하고 있는지 등을 본다. 뒤에서 언급한 사례를 앞에 배치할 때 내용이 더 쉽게 읽힌다면 바꾸는 것이다. 중복된 꼭지나 문단을 덜어내고 여러 번 옮기다보면 문장을 다시 다듬어야 할 때가 많다. 가령 "앞에서 살펴본 것처럼"이 "뒤에 다시 다루겠지만"으로 바뀌며 내용 또한 달라지기 때문이다.

장과 꼭지에선 논리적 구성을 보는 게 중요하다면 문단을 검토할 땐 문단끼리의 연계성과 문단의 완결성을 보는 것이 좋다. 하나의 문단에서 밝히고자 하는 게 불투명하거나 많은 문단이 연결되어야 이해할 수 있는 구조는 다시 손을 본다. 새로운 말을 시작할 때 즉, 문장의 통일성이 없어질 때 문단을 나눈다. 원칙적으로 문단 나누기는 내용의 연계가 끊어질 때만 사용했다. 소설에선 아직도 이 원칙을 지킨다. 한 문단이 두 쪽을 채우기도 한다. 줄 바꿈(행갈이)을 할지언정 문단 나누기는 엄정하게 하는 편이다. 하지만 인터넷 글쓰기 문화가 보편화되면서 지금은 읽기 좋은 문장의 호흡을 위해 문단을 나누기도 한다. 필자 역시 이 방법을 선호한다. 단순히 행갈이를 했을 때보다 읽기 편하고 의미전달도 명료하기 때문이다. 문단을 나누었을 때 읽는 흐름이 더 빨라지는 대목을 나누기도 한다.

문장과 어절을 고쳐 쓰는 것은 사실 단어 바꾸기와 체언 바꾸기다. 유의어 사전 등을 참고해 표현이 지루하진 않은지, 더 적합한 표현은 없는지 한 절씩 고쳐간다. 같은 단어를 연이어 구사하고 있다면 역시 바꾸는 것이 좋다.

문장부사는 양태부사와 접속부사로 나뉘는데, "과연, 설마, 제발, 물론, 비록, 아무리, 만약, 결코, 응당, 어찌, 부디, 아무쪼록, 선뜻, 정녕, 거듭, 공연히, 딱히, 무작정" 등이 양태부사(화자의 태도를 드러냄)다. 접속부사는 문단이나 단어의 연결을 담당한다. "그런데, 그래서, 하지만, 그러나, 그러니, 또, 즉, 오히려, 요컨대, 다만, 오직" 등이다. 문장부사를 많이 쓰면 저자의 문체가 가벼워지거나 호흡이 오히려 흐려질 수 있다. 적절히 사용하면 어미와 같이 글의 리듬과 뜻을 살리는 일등공신이다.

조사(보조사)는 문장 흐름을 조율하는 강력한 수단이다. 체언의 위치만 바꿔도 용언(조사)은 수정된다.

- 돌아온 그가 가장 먼저 한 일은 서동파 행동대장을 찾는 것이었다. (초고)
- 그는 돌아오자마자 서동파 행동대장을 찾았다. (윤문)

조사만 바꿔도 문장은 능동태로 강해졌고 영어식 표현도 교정되었다. 조사를 바꾼다는 말은 주어를 바꿔 명사를 동사로, 형용사를 부사로 바꾸는 일이기도 하다.

- 처음에 나는 잘못 보지 않았을까 생각했다. (원문)
- 처음엔 내가 잘못 본 게 아닐까 생각했다. (비교문)
- 처음엔 잘못 본 줄 알았다. (비교문)

원문은 김금희의 소설 《사장은 모자를 쓰고 온다》[14]의 첫 문장이다. 비교문을 사용할 수도 있었지만 작가는 원문을 사용했다. 이유는 그 뒤에 이어지는 문장 때문이다.

---

14) 김금희, 《오직 한 사람의 차지》, 문학동네(2019), 41쪽.

처음에 나는 잘못 보지 않았을까 생각했다. 로커룸에서 은수가 벗어놓고 간 신발에 가만히 자기 발을 넣어보던 사장은 단지 신발이 편한지 궁금했거나 자기 사이즈에 맞는지 알아보려는 것이 아니었을까.[15]

예문 두 개 모두 일반적으로 사용하는 말이지만, 원문은 생경하나. 첫 문장이 소설이 첫 문단을 이끌고 간다는 점에서 이는 작가의 의도적 선택이라고 봐야 하지 않을까. 화자는 자신이 잘못 본 것이 아니라고 단정하진 않는다. 그래서 "잘못 보지 않았을까 생각했다"는 표현을 사용했다. 이런 단편소설은 끝까지 읽기 전에는 스토리를 짐작하기 어렵다.

빛나는 단어의 배합

문장이 빛나야 하는 원고는 단어 하나만 바꿔도 우아해 보인다. 〈우리말사전〉을 몇 권 구비해 꾸준히 습작 노트에 기록해 놓는 것도 도움이 된다. 〈시어사전〉과 예쁜 말을 모아놓은 사전도 있다. 정지용, 이문구와 같은 작가의 언어만을 풀어놓은 사전도 있다. 하지만 너무 자주 사용해 식상한 표현, 예를 들어 "가슴이 먹먹하다", "사위가 적요하다", "윤슬", "여울" 등의 단어를 반복하면 오히려 거부감이 들 수 있다. 단어의 선별은 문장에 적절한 긴장을 주고, 특

---

15) 위의 책. 41쪽.

별한 장면을 더 빛나게 해주는 역할을 해야 한다. 가령 "해거름", "어슴새벽"이라는 표현은 자연스레 다가오지만, 여명을 뜻하는 "갓밝이"라는 단어가 앞뒤 흐름 없이 등장하면 문장의 정취를 외려 훼손하기도 한다.

방송국 작가들이 자막을 통해 유통시키는 표현들도 있다. "최애", "불참러", "운빨러", "AKAalso known as", "TMItoo much information" 등. 세태를 다룬 작품이거나 가벼운 예능 수준의 콘텐츠라면 모르겠지만 권하지 않는다. 작가는 사물에 관념을 부여하기 위해 언어를 닦는 사람이다. 필자 개인적으로는 이런 표현을 따라하는 이들을 보면 젊거나 유행에 민감하다는 생각보다 "영혼의 독자성"이 없는 것처럼 보인다. 무엇보다 이런 표현들은 빨리 낡는다는 점을 명심해야 한다. "낄끼빠빠", "얼죽아(얼어 죽어도 아이스 아메리카노)"가 아직도 쿨하게 보이는가, 아니면 노년의 어색한 10대 카피로 보이는가. 당대에 유행했지만 젊은 층은 이런 언어를 빨리 버린다. 2년 후엔 부장님의 아재 개그로 등장할 것이다.

팩트 체크 그리고 X맨

사람 이름과 지명, 년도, 인용처, 작품, 회사와 제품 이름, 외국어 철자 등을 확인하는 작업도 중요하다. 교열이 어려운 이유는 깨알같이 작은 것은 용케 찾아낼 수 있지만, 큰 꼭지 제목이나 당연한 진실이라 믿었던 대목에서 출판 후 오류가 발견되기 때문이다. 허를 찔

런다고나 할까. 필자의 전작[16]에서도 뮤지컬 제작사의 작품명[17]을 틀리게 적는 바람에 2쇄에서 황급히 수정한 적이 있다. 교정할 때까지도 주로 오탈자나 띄어쓰기에 집중하기 때문에 상식이라고 생각한 정보가 틀렸을 땐 무척 당황스럽다. 이 오류조차도 필자의 수업을 듣던 제자가 단박에 발견하고 질문했고 순간 멍했다고나 할까. 팩트 체크가 생각보다 어려운 이유는 자신이 알고 있는 정보가 확실하다고 믿기 때문이다. "민들레 홀씨 강바람을 타고"라는 표현을 보고 단박에 "홀씨는 포자라는 뜻인데, 민들레는 포자로 번식하지 않아요."라고 말해줄 사람이 필요한 이유다.

어떤 기업은 신상품을 내놓을 때 막바지 개발과정에 조금도 관여하지 않은 X맨을 투입한다. X맨의 역할은 기존의 팀원들이 놓치고 있던 문제를 찾아내는 것이다. 그에겐 상품에 대한 정보나 기업 총수의 의중도 알려주지 않는다. 그는 마치 이 제품은 시장에 나와선 안 된다는 식으로 결함이란 결함은 모조리 잡아내 공격한다. 합리적 개선책이란 안중에도 없다. 사실 이 방법은 TV토론을 준비하는 방법이기도 하다. 준비팀이 의제에 대한 찬성 논거를 수집하고 반대 논거를 탄핵할 근거를 준비하는 동안, 별도의 X팀은 예상치 못한 지점을 공박한다. 미생물 연구자들은 늘 뭉쳐 다니며 세력을 형성하는 세포보다 따로 떨어져 생존하는 세포의 생존력과 임기응변이

---

16) 이훈희, 《예술이 밥 먹여 준다면》, 책과 나무(2020), 216쪽. 2020 세종도서 교양부문 선정 도서.

17) 위의 책. 66쪽 '오페라의 유령' → '맘마미아', '시카고'

더 뛰어나다는 것을 알아낸다. 이 X맨의 원리는 '군집하지 않은(왕따당한)' 인자의 생존력을 인간의 조직관계에 적용한 것이다.

어쩔 수 없이 나오는 오류는 말 그대로 어쩔 수 없다. 그런데 첨예한 논쟁이 빚어져 진영이 대립하고 있는 이슈를 다룰 땐 주의해야 한다. 팩트 체크를 게을리 하면 '출판금지 가처분'이나 '명예훼손' 소송을 당할 수 있다. 명예훼손은 그 내용의 진실과 관련 없이 피해자의 명예가 공공연한 방법으로 실추되었다고 보면 걸리기 때문에 특히 주의해야 한다.

퇴고의 목적은 글쓴이의 입장에서 독자의 관점으로 전환해 원고를 재구축하는 것이다. 말하는 방식을 점검하고 '낡은 언어'를 더 적합한 '언어'로 바꾼다. 고치고 고치다 다른 곳을 보고 돌아와 다시 고치는 것이다. 그리고 타인의 신랄한 지적과 평가를 겸허하게 받아들이는 것, 그것이 퇴고다. 누가 그랬던가. 퇴고란 "저자 스스로 가장 적대적이고 악랄한 독자가 되어 원고를 찢어발기는 것"이라고.

작가를 현혹하는 문장론

    이 책에서 멋진 문장의 조건이나 잘못된 표현 등을 다루진 않는다. 필자가 그런 분야의 전문가가 아닐뿐더러 '문장'과 관련해선 훌륭한 시인과 소설가가 내놓은 안내서가 많기 때문이다. 다만, 문장과 문체의 본질을 이해하지 못하고 처음부터 잘못된 글쓰기 습관을 들이는 경우가 있기에 이를 독자들과 나누려 한다. 글쓰기에 대한 아래의 조언을 보자.

    "표현의 우수성은 명료함에 있다."

    "형용사는 문장 중 가장 낡기 쉬운 것이다. 왜냐하면 형용사는 작가의 감각이나 개성과 가장 밀착해 있기 때문이다."

    "간결한 문장은 아름답고 간결로 인해 독자는 긴장하게 된다."

    "어떠한 미문도 이해에 방해가 된다면 비속한 졸문만도 못한 것이다."

"주어를 앞으로 끌어내고 능동체로 써라."

"복합문장이라면 나눌 수 있을 만큼 나누어 따로 써라."

위의 조언 중 첫 줄은 아리스토텔레스Aristoteles의 것이고, 둘째 줄 형용사에 대한 조언은 일본인 작가 미시마 유키오平岡公威가 한 말이다. 나머지도 모두 세계적인 작가들의 글에서 따온 것이다. 그래서일까. 최근 나온 책들은 모두 간결하고, 문장배합도 AI가 섞은 듯 자연스럽다. 심지어 한 문단을 7~10줄 안에 밀어 넣는 글쓰기 기술도 있다고 한다. 문장에 대한 주장 중 '짧고 간명하게 쓰라.'는 조언이 가장 보편적이지 않을까.

〈중동항로와 관련된 특이사항〉
이슬람 최대 명절 중 하나인 라마단이 지난 8월 18일에 끝났습니다.
따라서 중동 항로의 거래량과 실재 적재 비율이 다시 늘어날 것으로 보입니다.
라마단 직전의 실재 적재 비율은 95%에 육박했습니다.
또한 중동 항로 선사협의체에서는 2012년 7월 중 컨테이너 당 300달러의 성수기 할증료를 부과할 예정이었으나 이를 유예했습니다.

⇩

〈중동항로 관련 이슈〉
라마단(2012.7.20~12.8.18) 종료에 따라 중동항로 물동량 및 소석률 회복이 예상됨.
IRA가 7월 중 적용 예상이던 PSS(USD 300/TEU)를 유예함.*
* tvN. 2014. 11. 22. 〈미생〉 11회.

2014년 tvN의 드라마 《미생》의 한 장면은 이런 주장에 설득력을 더했다. 자신의 뛰어난 스펙에 걸맞은 중량감 있는 업무를 원하는 신입사원에게 상사는 도리어 '문장 줄이기' 훈련을 시킨다.

이 장면을 본 기업의 대표이사들이 무릎을 쳤다. 직원들에게 향후 보고서를 A4용지 반 장에 축약해 보고하라고 했다고 한다. 《미생》의 이 장면은 약어가 업무용으로 정착되어 있고 단순 정보만 보고할 땐 좋은 방법이다. 하지만 중요한 수억 원 대 프로젝트를 수주하기 위해 만난 계약 당사자와의 면담 결과도 이렇게 보고할 수 있을까?

우리 측 제안에 부정적. 계약 조건은 경쟁사보다 우월하지만 입찰 경험과 회사 규모를 문제 삼음. 다음 미팅 제안도 거부.

중요한 면담을 하고 돌아와서 이런 두 줄짜리 보고문을 올린다면 상사는 황당할 것이다. 상대측 회사 면담자는 누구였는지, 그가 결정권을 가진 자였는지, 경쟁업체와의 관계는 어떤지 등이 궁금할 것이다. 또한 계약거부 사유가 회사의 자금력에 대한 우려 때문인지, 사업 경험 때문인지에 대한 궁금증도 있을 것이다. 무엇보다 그에 따른 대책도 궁금할 것이다. 즉 객관보고의 형식으론 단문이 우월할지 모르지만 원인과 결과, 문제와 해결책을 찾아내기 위한 보고엔 적합하지 않다.

단문으로 쓰라고 하는 이유는 이것이 가장 효과적인 훈련법이기 때문이다. 우리말은 체언+용언으로만 이루어진 구조가 가장 힘 있고 단순하며 명확하다. 그랬을 때 부사와 형용사, 그리고 연결 문장을 활용할 수 있기 때문이다. 또 글의 본질적 내용과 부차적 수식을 가려보기 위함이기도 하다. 《칼의 노래》를 쓴 김훈 작가의 문장은 독특하다. 그의 문체를 익히기 위해 필사筆寫하는 이들도 보았다.

> 산 자들이 죽은 자의 구덩이를 팠고, 죽어서 거기에 묻혔다. 종사관 김수철이 사망자 명단을 작성했다. 연고가 있는 자들은 고향에 통보해주었고 연고를 찾을 수 없는 자들의 명단은 도원수부에 제출했다. 소한 추위가 닥치고 나서야 이질은 기세를 죽였다. 다시 우물을 열었다.
> 그해 겨울에 헤아릴 수 없이 많은 격군과 사부들이 병들어 죽고 굶어 죽었다. 나는 굶어 죽지 않았다. 나는 수군통제사였다. 나는 먹었다. 부황든 부하들이 굶어 죽어가는 수영에서 나는 끼니때마다 먹었다. 죽은 부하들의 시체를 수십 구씩 묻던 날 저녁에도 나는 먹었다.
>
> – 김훈, 《칼의 노래》, 문학동네(2012), 207p.

군사와 백성이 굶어 죽을 때에 끼니를 챙겨 먹어야 하는 주인공의 심정은 전혀 개입되지 않는다. 객관적 서술만으로도 비정한 전상戰狀과 장군의 심정은 더 아프게 드러난다. 주어와 목적어를 뚜렷이 둔 간결한 문장이다. 동사를 위주로 능동체로 쓰고 내면을 드러내는 형용사를 극단적으로 자제한 그의 문장은 일품이다. 김훈은 뛰어난 문장가이지만, 그 이전에 낱말의 뜻에 정통하다는 것을 잊어선 안 된다. 때로 김훈의 문장을 흉내 내는 듯한 에세이나 여행기 등을 접하게 되는데, 내용과 형식이 계속 충돌해 읽는 동안 불편하고 짜증까지 나는 책이 있다. 남 따라 하다간 제 스타일을 죽인다. 김훈 작가가 왜 이런 문체를 구사했는지에 밝힌 내용이 있다.

소설에서의 문장은, 첫 문장이 힘이 있어야 한다. 칼의 노래의 첫 문장인 "버려진 섬마다 꽃이 피었다."의 힘은 간단명료함에서 나오는 것이다. '주어+동사'다. 아름다운 수사학에서 힘이 나오는 게 아니다. '주어+동사'의 놀라움이 거기에 있다. 나는 그걸 이순신에게서 배웠다. 대학에서 배운 것이 아니다. 난중일기, 임금에게 보내는 보고서 그런 데서 배웠다. 이것은 군인이 아니면 쓸 수 없는 문장이다. 문인이 아니면 범접할 수 없는 주어+동사의 세계가 있는 것이다. 그런 사유의 세계, 결단력의 세계가 있는 것이다. 난중일기를 보면 부하를 많이 죽인다. 7년 동안 120번 정도의 군법을 집행한다. 죽이지 않으면 곤장을 치고 감옥에 보내고 강등시켰다. 군율을 어겼을 때에도 '거듭 군율을 어겼다, 군율을 어겨 베었다.' 이런 식으로 간단하게, 지저분하게 쓰는 것이 아니라 '군율을 어겨 베었다.'고 썼다. '목을 잘라서 성문에 걸었다.' '오늘 남원이 함락됐다는 보고를 들었다.' '나는 밤새 혼자 앉아있었다.' 이런 단순성이 갖는 문장의 힘을 배워야겠다고 생각했다. 그러나 첫 문장의 힘은 그리 오래 가지는 않는다. 두어 페이지 넘어가면 이 힘이 빠진다. 그럼 또 강한 문장을 갖다놔야 한다. 그럼 거기에 의지해서 십여 줄이 나가는 것이다. 중간 중간에 힘찬 문장을 박아놔야 한다. 문장 하나 가지고 오래 가지를 못한다. 첫 문장으로 끝까지 우려먹고 살 수는 없다.[18]

18) 전병근, 〈[강연] 작가 김훈 "나는 왜 쓰는가"〉, 조선비즈(2014. 11. 1).

작가의 사유방식과 작품의 분위기, 이를 담는 그릇인 문장을 분리해서 보긴 어렵다. 우린 이를 문체라 한다. 간결한 문장을 사용하라는 조언이 틀린 말은 아니다. 요즘 독자들의 성향을 간파한 것이고, 페이지를 쉽게 넘길 수 있는 문장구조를 권한 것이다. 문장을 간결하게 사용하는 경향은 앞으로도 지속될 것이다.

그러면 다음 문장은 어떠한가.

> 황소바위 가장자리에 다래가 여물고, 터져 눈송이로 핀 목화대 틈으로 해설피 반짝이는 서릿바람 그림자가 얼룩질 때, 반지르르 살진 검은 염소는 개랑둑 실버들가지 밑에서 잠들고, 구름 아래에 머문 솔개 한 마리가 온 마을을 깃 끝으로 재어보며 솔푸데기 틈의 장끼 우는 소리를 엿들을 때, 범바위 앞의 찔레덩굴 속에서 핏빛 짙은 옻나무 잎을 비켜가며 까치밥을 따먹던 나는 언젠가도 한번 들은 바 있는 신서방의 울부짖음에 소스라쳐 놀라고 말았다.
>
> – 이문구. 《공산토월》. 문학동네. (2018). 273p.

북한에 벽초 홍명희가 있다면, 남한엔 명천 이문구가 있다는 말은 헛말이 아니다. 이문구를 발탁한 스승 김동리는 청년 이문구를 두고 "우리 문단에 가장 독특한 스타일리스트가 나올 것"이라 했다. 서라벌예술대학 문예창작과 학과장이었던 그는 이문구의 습작품을 학부생들의 시험문제로 내놓기도 했을 정도다. 그의 문장은 굉장한 만연체요, 충청도 사람이 들어도 모를 변산 쪽 옛말을 구사하기도 했다. 《관촌수필》을 읽다보면 충청도 옛사람들의 어법이 이문구의 화법과 너무나 꼭 맞아 떨어져 감탄하게 된다. 김지하를 비롯한 당대 시인들이 그를 흠모한 것도 이상할 것이 없다.

다음은 성공회대학교 김명호 교수의 《중국인 이야기》 중 일부다.
현재 7권까지 나온 이 책은 《로마인 이야기》를 히트시켰던 한길사
의 기획출판이다.

> 황류샹이 모습을 드러내자 수백 대의 카메라가 펑펑 소리와 함께 번쩍번
> 쩍 불을 뿜었다. 막 30대에 들어선 중국 최초의 할리우드 스타는 온갖
> 포즈를 취하며 매력을 뿜냈다.
> 여기저기서 환호가 터지고 쟁과리 소리가 요란했다. 머리카락이라도
> 봐야 직성이 풀리겠다며 난리들을 치는 바람에 팔다리 부러지고, 머리
> 통 깨진 사람들이 부지기수였다. 깔려 죽은 사람은 없었다. "설중매雪
> 中梅를 볼 수만 있다면 죽어도 좋다."며 눈 오는 날 산속을 헤매다 얼어
> 죽거나 맹수에게 물려간 시인묵객時人墨客을 수없이 배출한 민족의 후
> 예들다웠다.
> 이튿날 아침, 퍼스트레이디 쑹메이링은 보던 신문을 집어던졌다. "구웨
> 이진, 린위탕 할 것 없이 모두 주책바가지들"이라며 혀를 찼다. 악연의
> 시작이었다.
>
> – 김명호. 2013.
> 《중국인 이야기 2 "붓은 무기가 될 수 있지만 총은 붓 역할을 못 한다."》.
> 도서출판 한길사. 39p.

김명호 교수는 전업 문인이 아니다. 그의 말대로 40년 가까이 중
국을 놀이터 삼아 연구한 학자다. 그의 문장은 대부분 입말로 해도
부족하지 않을 정도다. 그는 "일단 써놓고 마음에 들 때까지 고치면
된다는 마오마오쩌둥. 毛澤東의 문장론을 어디선가 본 적 있는데, 이

게 말이 쉽지 아무나 하는 게 아니라는 걸 하면서 깨달았다."고 밝혔다.

문장의 스타일이 완성되면 이를 문체라 하고, 사람에게 인격이 있듯 문체는 작가와 작품의 독자성(정체성)을 완성한다. 그렇기에 좋은 문장은 짧은 것, 좋은 글은 쉬운 것이라는 것은 편견에 불과하다. 유려한 만연체가 아름답게 느껴지는 장르나 장면이 있고, 강한 문장이 이끄는 가쁜 호흡으로 숨이 멎는 전장戰場을 기록할 때가 있는 법이다. 또한 쉽게 쓴 책도 있지만, 몇 번이고 곱씹어 읽어 여러 번 생각하게 만드는 책도 있는 법이다. 《중국인 이야기》는 쉽게 읽을 수 있지만 비유도 평범하지 않고 호흡과 문장배치 역시 입말을 닮아 매우 뛰어나다. 《중국인 이야기》 전권을 읽다 보면, 그의 스타일이 이미 구축되었구나 하는 생각이 든다.

자, 이제 필자가 무슨 말을 하려는지 감이 올 것이다. 퇴고를 통해 원고를 다듬는다고 기계적으로 편집언어와 문장을 따르다 보면 정말 좋은 작품은 나오지 않는다. 국어 교사들이 콕 집어내는 실수는 안 할지 모르지만, 그만큼 개성도 사라질 수 있다. 좋은 문장이나 어법에 대한 권고를 절대적 지침으로 만들어버리면 아무런 맛이 없는 작가로 남을 수 있다.

예비독자의 확보;
인터넷 글쓰기

서양미술사를 참 맛나게 강의하시는 분이 있다. 원래 대학 강사였는데 강사법 개정으로 일자리를 잃고 기업과 지자체 강의에 주력하신 분이다. 청중 반응이 워낙 좋아 이곳저곳에 불리며 호시절을 맞나 했더니 터진 게 코로나 사태다. 모든 강좌가 폐강되었다. 남는 게 시간이라 이 기회에 책을 쓰려 한다며 조언을 요청했다. 그 강사님의 고민은 결국 인지도였다. 그간 블로그나 유튜브를 하지도 않았고 책을 낸 적도 없기에 책을 써도 잘 나갈 것 같지 않다는 이야기다. 출판사 반응도 회의적이라며 지금 당장 무엇을 해야 할지 고민이라는 것이다. 이런 사연이 어찌 이분만의 것일까. 인문학 수업도 코로나 직격탄을 맞은 업종이다. 많은 이들이 지푸라기라도 잡자는 심정으로 유튜브에 뛰어들고 블로그를 개설한다.

출판사 입장은 충분히 이해된다. 무엇보다 원고의 차별성을 보려 할 것인데 서양미술사 영역은 이것이 쉽지 않다. 이 학문을 파고든 사람이 너무나 많고 이미 고전이 되어버린 전작도 차고 넘친다. 새로운 이야기를 발굴하기가 쉽지 않다. 베스트셀러가 된 설민석 강사의 《조선왕조실록》엔 새로운 사료가 있는 것이 아니라 새로운 편집과 다른 방식의 해설이 있을 뿐이다. 즉, 말하는 방식만 다를 뿐이다. '설민석'이라는 명망과 입담에 대한 기대가 없었다면 세상에 나오기 어려운 책이다. 사학자들이 말하길, 책 쓰기 가장 어려운 시대가 상고사와 근대 이전의 역사다. 상고사는 사료가 너무 없고 근대이전은 너무 많은 연구가 이루어져 새로운 이야기를 하기 어렵다. 정조가 영의정 심환지에게 보낸 비밀편지가 발견되자 흥분한 사학자들이 연이어 관련 책을 출판한 이유가 있다. 이에 비해 근현대사는 해제되고 있는 기밀문서도 많고 새로 발굴된 사료도 있어 늘 새로운 이야기가 가능하다.

출판사의 진짜 고민은 판매량이다. 앞의 강사님이 SNS를 통해 구독자를 구축해놓았다면 사정이 달랐을 것이다. 콘텐츠가 참신하거나 저자의 명망이 있다면 모를까, 보통의 원고라면 출판사는 3,000부 정도는 소셜 펀딩으로 팔아치울 수 있는 슈퍼 블로거를 원한다. 블로그나 페이스북, 유튜브 구독자가 1만 명이라면, 출판사 입장에선 가장 효과적인 마케팅 수단을 얻은 것이다. 타깃도 분명하고, 충성도 높은 독자들이라면 확장성도 뛰어날 것이다. 표적 없는 허공에 돈을 뿌리는 일반광고보다 훨씬 좋은 홍보방법이다.

그렇다면 작가는 책을 내기 전에 많은 SNS에서 많은 구독자를 확보해야 하는 것일까. 유명해지고 싶다고 단번에 유명해질 수 없듯, 필자는 SNS도 비슷하다고 본다. 꾸준히 하면 구독자가 많아진다는 이들도 있지만, 실제로 해보면 꼭 그렇지도 않다. 5년 넘게 매일 하나의 단문을 올렸던 작가의 블로그의 이웃(구독자)은 여전히 그대로고, 책 리뷰와 일상을 페이스북에 올려왔던 이의 친구는 수백 명 수준에서 정체되는 현상을 본다. 문학 분야에서 이름난 젊은 작가들이 모두 SNS 글쓰기를 하는 건 아니다. 소설이나 드라마, 시, 희곡 등의 분야에선 하지 않는 이들이 더 많다.

심장을 가리키는데 자꾸 하늘의 별만 봐

유명해지기 위해선 책을 써야 하고, 책을 쓰기 위해선 SNS 구독자를 늘려야 한다? 이건 환원 논리다. "매일 꾸준히 글을 올리다 보니 문장이 아름다워졌고, 연재를 시작하자 구독자가 더 늘었다. 그래서 책을 냈고, 구독자 600명가량은 내 책을 사전 구매했다." 이것이 자연스러운 경로다. 필자는 SNS 활동을 적극적으로 추천한다. 책의 텍스트가 상품이듯 SNS에 올리는 글도 상품이다. 안 팔리는 상품을 진열대에 꾸준히 진열한다고 판매량이 느는 게 아니듯, SNS 글쓰기 역시 마찬가지다. 20, 30대 직장인을 타깃으로 했는데 SNS에서 호응이 없다면 콘텐츠 경쟁력이 떨어지는 것이다. 이런 글은 책으로 출판되어도 독자의 호응이 없을 것이다. '글'로 독자의 심장을 움직여야 하는데, 자꾸 구독자만 늘리려 하면 결국 내용도 계통성이 없어지고, 심지어 조악한 감성일기를 모아놓은 꼴이 될 수도 있다. 심장을 가리키는데 허공의 별만 보는 꼴이다.

구독자가 많다고 책이 잘 팔리는 것도 아니다. 구독자의 진성眞性 여부가 더욱 중요하다. 책을 출판해보면 안다. 평소 친하게 지냈던 동료라고 내 책을 사진 않는다. 구독자도 마찬가지다. "나는 당신의 글이 너무 좋아 친구가 되었다."는 독사가 진성이고 나머지 사람들은 그저 친구(팔로워)일 뿐이다. "형님이 음식점을 내도 맛없으면 안 간다."라는 말은 출판 마케팅에도 들어맞는다. 출판계에서 파워 블로거의 책은 1천부까지는 나가도 그 이상의 확장성은 기대하기 어려운 사례가 많다고 한다.

책 쓰기를 SNS로 할 순 없을까

2001년 개봉된 영화《엽기적인 그녀》는 동명의 웹 소설이 원작인데, 1999년 PC통신 나우누리 유머 게시판에 연재된 소설이었다. 당시에는 이를 소설로 본 사람도 없었고 그저 연재 게시물로 인식했을 뿐이다. PC통신 특유의 말투 "보아씀미다", "그러씀미다" 등을 사용한 이 게시물은 지금은 다소 유치해 보이지만 당시 네티즌에겐 큰 사랑을 받은 연재물이었다. 1998년에 창간되었던 〈딴지일보〉가 정치권에 대한 블랙 유머로도 히트했는데, 당시엔 몇 편의 게시물이 젊은 층에겐 언론사 기사만큼 영향력을 발휘했던 시기였다.

최근에는 글을 연재하고 평가도 받는 플랫폼도 많아졌다. 인기를 얻으면 좋겠지만, 우선 자신의 글감을 확장하고, 대중의 반응을 확인하는 차원에서 글을 꾸준히 올리는 것이 좋다. 긴 글은 개인 블로그나 카페, 페이스북 등에 올리고, 글쓰기 공간 '브런치'[19]나 카카오 브런치도 좋을 것이다. 민음사 독서모임 '브릿G'[20]에선 공모전을 통해 신인 작가를 발굴하고, 출판 지원은 물론 심사위원들의 평가도 얻을 수 있다. 네이버의 웹 소설 플랫폼 '노벨'[21]에선 늘 작품을 받고 있으며, 판타지, 로맨스, 추리물 등을 다루는 장르 전문 웹 소설 플랫폼도 상당수 존재한다.

앞에서 설명했지만, SNS 글쓰기라고 일상의 글 아무것이나 올리는 것을 추천하진 않는다. SNS 역시 전략적인 책 쓰기다. 특정 테마와 형식을 가져가는 것이 좋다. 독자들이 당신의 글을 읽는 이유는 당신을 사랑해서가 아니라 당신의 글이 가치가 있기 때문이란 점을 명심해야 할 것이다. 유튜브에도 올릴 만큼의 완성도가 있는 작품이라면 분량과 형식을 맞춰 꾸준히 올려야 한다. 《실어증입니다, 일하기싫어증》은 양경수 작가의 그림 에세이다. 인스타그램과 페이스북에서 공유되며 출판에 성공하고, 일본어판까지 나왔다. 비슷한 콘셉트인 《아, 보람 따위 됐으니 야근수당이나 주세요》 역시 그의 작품인데, 그림 한 컷에 직장인의 처지를 통쾌하게 담은 완결성

---

19) brunch.co.kr
20) britg.kr
21) novel.naver.com

이 있었기 때문에 널리 공유된 것이다. 본인이 자신 있는 분야를 좁히고 좁혀, 특정한 콘셉트가 도출되었다고 생각하면 꾸준히 작업하라고 권하고 싶다. 책을 좋아한다면 책 리뷰 콘텐츠도 좋고 산간벽지를 좋아한다면 '오지 여행기'도 좋다.

SNS 연재물을 고민하다 보면 자연스럽게 자신의 콘텐츠가 책에 적합할지, 아니면 영상매체에 더 적합한지를 알게 될 것이다. 많은 책을 읽어 좋은 문장을 많이 알고 있고, 게다가 목소리까지 좋다면 유튜브로 시작하는 것도 경쟁력이다. 책 리뷰를 하며 자연스럽게 알게 된 작가와 리뷰어들을 비롯한 독립출판 관계자들은 나중에 큰 자산이 된다. 수천 명의 독자보다 더 강력한 영향력으로 내 책을 홍보해 줄 수도 있다. 야생화를 찾아다닌다면 영상으로 제작하고, 사진으로 촬영한 것을 블로그에 올리는 방식이 좋을 것이다.

필자가 관심 갖는 유튜브 채널 중 하나가 〈새덕후 Korean Birder〉다. 아직 군 미필 대학생이 전국을 다니며 우리나라의 새를 탐조한 영상을 올린다. 영상도 수준급이지만, 새와 자연에 대한 그의 생각이 매력적이다. 어려서부터 새에 관심이 많았던 그는 아직 대학생이라 장비도 차량도 온전하지 않았고 광고도 받지 않았는데, 이를 기특하게 본 중소기업 대표가 이 청년을 후원한다. 조건은 지금과 같은 좋은 영상을 꾸준히 올려달라는 것. 구독자가 16만 명이지만, 이 청년의 경험이 조금 더 쌓인다면 책으로 나와도 소장가치가 분명한 책일 것이라 믿는다. 이렇듯 자신의 콘텐츠는 다양한 매체로 전

파될 수 있다. 책을 먼저 낼 수도 있고, SNS 활동을 우선 할 수도 있다. 콘텐츠가 좋다면 SNS나 출판시장 양쪽에서 환영받을 것이다.

나에게 꼭 맞는 출판사 찾기

출판사 선택의 기준은 무엇일까. 당연히 이름난 출판사에서 책을 내면 좋겠지만, 큰 출판사의 작가 선별 기준은 매우 까다롭다. 문학상을 많이 탄 작가의 작품도 거절당할 정도다. 대형 출판사는 명성에 걸맞은 독자층을 가지고 있기에 마케팅 역량도 우수하다. 당연히 진입장벽도 높다.

잘나가는 대형 출판사는 선택과 집중

대형 출판사의 강점은 오히려 선택과 집중에 있다. 팔리는 책은 집중적으로 밀고 안 팔리는 책은 손실을 최소화하기 위해 빨리 접는다. 2020년 10월 한 달간 '시공사'가 낸 책은 61종, '문학동네'가 낸 신간은 23종, '창비'는 22종이었다. '시공사'는 매일 2권의 책을 내고 '문학동네'와 '창비'는 휴일을 제외하고 매일 1권씩 출간했다.[22] 한 달에 20종이 넘는 책을 모두 홍보할 순 없다. 한 달에 잘나가는 책 2~3권이 출판사를 먹여 살리는 구조이기 때문에 당연히 신간이 나온 한 달의 실적을 보고 마케팅 비용을 어디에 집중할지를 결정한다. 당신의 책을 출판사에서 밀어준다면 좋겠지만 그렇지 않다면 어려울 것이다. 그리고 잘 팔리지 않았다면 이듬해의 신간도 해당 출판사에서 계약할 수 있을지는 장담하기 어려울 것이다. 실제로 대형 출판사의 책도 중박도 치지 못한 것들이 많다.

지향과 콘셉트가 분명한 출판사에서 꾸준히

발행 부수가 많지 않은 1인 출판사라 할지라도 출판사의 콘셉트가 분명하고 책에 들인 품이 많다면 눈여겨보자. 1인 출판사의 강점은 협업 소통이 뛰어나고 집중력이 높다는 점이다. 마케팅 비용을 절감해 1,000부 정도를 목표로 삼고 저자에게 10% 이상의 높은 인세를 주는 출판사도 많다. 원고를 함께 고치며 일하는 맛도 쏠쏠하다. 처음 몇 년은 작은 출판사에서 꾸준히 책을 내는 것도 좋다. 1년에 한 권씩 인문학 관련 책을 내는 지인이 있는데, 그는 새벽과 아침엔 집필하고 오후엔 대학에서 강의한다. 작은 출판사에서 1쇄 500부를 다 팔지 못했던 친구는 10년이 지난 지금 대형 출판사를 오가며 1만 부 이상을 찍어내는 중견 작가로 성장했다. 책을 낼 때마다

---

22) 대한출판문화협회(kpa21.or.kr). [자료실]-[신간도서목록]

출판사가 달라 그 이유를 물어보니 대답이 재미있다. 처음 5년간은 투고하고 거절당하는 게 익숙했고, 그 후 5년간은 출판 에디터의 출간 제의가 많아 이젠 진정성 있는 출판사와 좋은 편집자를 만나기 위해 출판사를 자주 바꾸는 편이란다.

작은 출판사의 단점은 디자인과 마케팅

1인 출판사나 작은 출판사의 단점이라면 디자인과 마케팅이다. 출판사 대표나 담당 디자이너의 역량이 뛰어나다면 모르겠지만, 대부분은 표지 디자인에 특별한 공을 들이지 않는다. 심지어 하루 만에 표지 시안이 나오기도 한다. 내지內紙보다는 표지 디자인이 어려운데 출판사에서 뽑아내는 시안이 천편일률적이면 저자는 출판을 앞두고 마음이 복잡해진다. 마음에 안 들더라도 책을 내야 하나. 아니면 출판사를 바꿔야 하나. 실제로 표지 디자인 때문에 출판 직전에 분쟁이 해소되지 않아 계약이 해지되는 일도 있다. 물론 한국의 출판시장은 보수적이다. 표지는 제목을 강화해야지 내용을 함축할 필요 없다는 식이다.

책의 표지는 책의 표정이고 구매욕을 자극하는 역할을 한다. 물론 내공 깊은 독자들은 표지가 어떻게 나오던 작가 이력과 목차, 무엇보다 몇 절의 문장만 봐도 자신에게 맞는 책인지를 식별한다. 〈문학동네시인선〉의 북 디자인은 사실 컬러만 다를 뿐 표지 최상단에 명조체로 저자와 제목만 넣고도 148종을 선보였다.[23)] '천년의시작' 출판사의 〈시작시인선〉 역시 컬러 하나에 가로로 쓰인 제목으로만 디자인한다. 대형서점의 평대에 단색 바탕에 활자로만 이루어진 시집의 표지가 기억난다면 십중팔구 〈문학동네시인선〉 아니면 〈시작시인선〉이었을 것이다. 디자인의 개별성이 없다고 독자들이 책을 사지 않는 건 아니다. 하지만 에세이와 인문서는 표지와 제목이 절반은 먹고 들어간다고 봐야 하시 않을까.

어떤 출판사를 피해야 할까

책이 나오면 정성이 있는 출판사는 으레 출판사와 저자의 인맥을 총동원해서 언론사 문화부 기자에게 리뷰 기사를 부탁하고, 책 리뷰 전문 블로거와 유튜브 크리에이터가 다룰 수 있도록 한다. 대형서점의 MD를 만나기 위해 기다리고, 총판을 통해 유통되는 지역의 주요 서점과 북 카페에도 신간이 평대에 올라갈 수 있도록 활동한다. 저자가 지명도가 있으면 전국을 돌아다니며 북 콘서트를 하기도 한다.

그런데 전략적으로 편집기획과 마케팅에 투자하지 않는 출판사가 있다. 이런 출판사는 자비출판도 많이 한다. 한 달에 7권은 찍어야 건물 임대료를 내고 직원 급여를 해결할 수 있기에 많은 출판사

---

23) 2020년 11월 12일 기준.

는 그야말로 생존을 위해 자비출판을 한다. 자연스레 작품에 대한 기획, 편집을 등한시하게 된다. 생계형 출판사에서 이런 일을 할 직원이 있을 리 없다. 회사 사정이 이러니 언감생심 마케팅은 꿈도 꾸지 못한다. 형식적으로 보도자료 하나 내고 끝내는 경우도 허다하다. 결국 출판사에서 나오는 작품이 중구난방 계통이 없어지는 건 시간문제다. 자서전과 회고록, 평전과 백서, 50주년 기념 화보 모음과 같은 책을 자비출판 해주는 것은 당연하지만, 단지 작가가 되고자 하는 이의 욕망을 위해 시와 에세이를 묶어 자비출판을 하면 사정은 좀 달라진다.

처음부터 자비출판도 겸해서 했다면 해당 출판사를 선택한 저자가 할 말이 없겠지만, 초기엔 곧은 심지로 좋은 작품만을 엄선하다 이후 경영난으로 자비출판하면 문제가 다르다. 가령 꽃비출판사에서 〈꽃비시선〉의 형식으로 좋은 작가들의 시집을 내왔는데, 어느 날 〈꽃비시선 14〉라는 타이틀로 자비출판한 시집이 나오기 시작하면 어떻게 될까. 당연히 '꽃비시선'에 대한 신뢰는 떨어질 것이고 작가들은 출판권을 회수하고 싶을 것이다.

서점보다 출판사가 앞서서 책 판매를 포기하는 경우도 많다. 책이 이제 안 나간다 싶으면 출판사 내부에서 해당 책에 대해선 신경 끄는 것이다. 서점에 책을 입고하지 않아 고객이 책을 찾아도 찾을 수 없는 책이 된다. 보통 책이 출판 직후 3개월간 집중적으로 팔리다 소강을 맞는 것이 일반적이지만, 특정 시점 출판사의 노력에 따라 역주행하는 책도 많다. 이는 사실상 출판권설정 계약 내용에 있는 "계속출판의 의무"[24]를 해태懈怠하는 것이다.

마음마저 가난한 출판사

운영 여력이 전혀 없는 출판사는 재정적으로 도울 생각이 아니라면 피하는 것이 좋다. 실제로 있었던 일이다. 운영자금이 거의 없는 상태에서 한 1인 출판사 대표는 최후의 방법으로 펀딩을 했다. 저자는 공모를 통해 모집한 신인 작가들이었고 1인당 30만 원의 선인세를 계약서에 명시했다. 다행히 펀딩에 성공했고 대표의 기대는 컸다. 펀딩 회원에게 책을 발송하고 나면 자연히 입소문이 나서 책이 나갈 것으로 판단한 것이다. 사정이 어려웠기에 일러스트 작가와 저자에게 줘야 할 돈은 차일피일 미뤄졌고, 엎친 데 덮친 격으로 지병까지 악화되어 해당 작가들의 후속작도 1년 이상 미뤄졌다. 결국 30만 원을 받고 작품은 사장되었다. 작가들은 단체를 통해 이 문제를 이슈화했고, 출판사 대표는 계약서를 근거로 입금이 지연된 것만이 잘못이고 나머지는 출판사 잘못이 아니라는 입장이었다.

가난한 출판사가 나쁜 출판사는 아니다. 하지만 좋은 계약관행을 알지 못했던 젊은 작가들에게 극악한 계약조건을 담은 계약을 성사

---

24) 계속출판의무란 계약기간 동안엔 책의 복제, 배포를 중단해서는 안 된다는 뜻이다. 즉 책이 많이 팔리지 않는다고 절판 시키거나, 서점의 입고 요청에도 책을 보내지 않는다는 행위를 하면 안 된다는 뜻이다.

시키고 저자에게 유리한 조항은 계약서에서 빼버리는 행태는 출판사의 영세함으로 용인될 수 있는 성질의 것이 아니다. "좋은 뜻으로 한 일이니 너무 돈, 돈 하지 말라."는 업체일수록 경계해야 한다. "너무 돈, 돈 하지 말라."는 말은 금전적으로 도와주면서 해야 할 말이다. 이런 출판사일수록 나중에 적은 돈으로 얼굴 붉히고 관계까지 파탄 나기도 한다. 돈 문제를 모호하게 처리하는 사업가는 사람의 권리도 모호하게 처리할 수 있다고 믿는다.

저자와 출판사가 갑이 되어 횡포를 부리는 경우도 있다. 계약의 모호함을 이유로 문제가 발생하면 외주 인력에게 책임을 떠넘기는 방식이다. 주로 일러스트 작가와 윤문작가, 교정작가들에 대한 것이 그렇다. 성심껏 한 달을 투자해 작업한 결과물을 출판사 편집인은 'OK' 했지만 저자가 못 받아들이겠다고 할 때가 있다. 이럴 때 응당 해당 외주작가와의 계약은 출판사가 했으므로 저자의 견해와 관련 없이 계약금 전액을 주는 것이 합당하다. 하지만 저자가 거부해 다른 외주작가를 다시 섭외해야 하니 돈을 줄 수 없다거나 이미 지급한 계약금을 반환해 달라고 요청하는 출판사도 있다. 외주 작가들은 이 사건을 따지지 않는다. 출판사가 밥줄이기 때문이다.

투고를 위해
서점 투어를 해야 하나

　최근 유튜브와 블로그에선 출판사에 투고하기 위해 서점 투어를 하라고 권하는 이들이 많다. 이들 주장은 꾸준히 서점을 들러 책의 출판권 페이지에서 출판사 이메일을 메모해 300개 정도의 출판사에 모두 이메일을 보내라는 것이다. 이 중 2~3곳에서 연락을 받을 것이고 자신 또한 이런 방식으로 책을 냈다는 이야기다. 이 방식의 장점이 없는 건 아니다. 서점에서 실물을 확인하는 것이야말로 출판사의 노력과 내공을 모두 확인할 수 있는 경험이니까. 하지만 품이 너무 많이 들고 이런 식의 원고투고는 스팸으로 갈 가능성이 너무나 크다. 에디터들이 이런 원고를 꼼꼼히 확인한다는 보장도 없다.

　필자는 국립중앙도서관 납본 정보를 활용하라고 권한다. 이 납본 정보를 기본으로 그 출판사가 출간한 책 목록을 확인할 수 있는 곳이 '대한출판문화협회'다. 해당 홈페이지의 자료실을 클릭해 '신간 도서목록'에서 출판사명을 기입하면 2006년부터 국립중앙도서관에 납본된 책의 목록을 일자별로 모두 확인할 수 있다. 최근 몇 년간 꾸준히 책을 내고, 그중 알만한 책도 있다면 그 출판사는 역동하는 곳이다. 처음에 자기 원고의 콘셉트와 일치한다고 판단한 출판사의 성향 또한 쉽게 확인할 수 있다. 인터넷에서 해당 출판사를 검색해 전화를 걸어 투고를 하려 하니 이메일 주소를 알려달라고 하면 된다.

내 원고와 출판사와의 궁합

어학도서를 전문적으로 다루는 출판사에 사회과학 원고를 투고하거나 투자서를 주로 다루는 출판사에 동화책을 제안하면 에디터는 해당 원고를 열어보지도 않을 가능성이 높다. 적어도 자신이 원하는 출판사에 대한 정보는 알아야 한다. 출판사의 출판 흐름을 살피면 당신의 책이 그 출판사에서 나와야 하는 이유 서너 가지는 더 떠오를 수 있다. 처음부터 큰 출판사만 관심에 둘 것이 아니라, 중소형 출판사나 1인 출판사의 트렌드도 눈여겨보자.

명료한 출판기획서와 원고

출판사에 투고할 때는 그냥 메일을 사용하면 된다. 원고를 너무 소중히 생각한 나머지 원고를 출력해 등기로 발송하고, 원고가 받아들여지지 않으면 다시 찾으러 오는 이도 있는데 이는 에디터에게 부담만 가중할 뿐 원고에 대한 호감으로 이어지지 않는다.

이메일의 본문은 최대한 읽기 쉽고 명료하게 작성한다. 통상 출판기획서와 꼭지 원고 5개 정도를 보내면 된다. 출판기획서에는 원고의 분야와 저자 프로필, 제목, 목차, 기획 의도와 대상, 예상원고의 양, 예상 출판 시점 등을 명시한다. 제목과 목차는 에디터가 유심히 살피는 영역이며 이 책이 누구를 대상으로 팔릴 책인지를 가늠케 해주는 콘셉트도 중요하다. 첨부파일조차 확인하지 않을까 봐 본문에 그냥 내용을 적고 별도로 원고를 첨부하기도 한다. 큰 상관은 없다.

메일을 보낼 때 수십 개의 출판사에 스팸처럼 뿌리는 사람도 있는데, 당연히 출판사 입장에선 비호감이다. 한 출판사에 하나의 메일로 성의껏 보내라. 그렇다고 해당 출판사에 대한 아부나 장황한 설명을 늘어놓을 필요가 없다. "평소 귀사에서 출판한 책들을 눈여겨보았습니다."로 시작해 자신의 책이 꼭 그 출판사에서 출판되어야 한다는 이야기는 진부하다.

이력이 책의 강점이 된다

저자의 이력도 원고에 대한 신뢰성을 높이는 요인이다. 저자 이력란에 이런 저런 잡다한 수상경력과 자생조직 회장 등의 이력으로 가득 채우면 편집자는 "이 사람은 도대체 뭐하는 사람이야?"라고 생각할 것이다. 특히 은퇴 후 작가로 전업하려는 이들이 이런 실수를 많이 한다. 이력이 원고에 대한 신뢰를 떨어뜨리는 사례도 많다. 실제로 5년 동안 100억 원을 번 경험이 없는데 "5년간 하루 6시간 투자해서 100억 원 벌기"라는 제목의 책을 쓴다면 독자들은 어떻게 받아들일까. 심지어 10년간의 사업 실패기만 모아서 책을 내겠다는 저자도 있다. 한옥학교에서 1년간 집짓기를 배우고 2년간 노력해서 자신의 집을 지었다면, 건축 과정을 보여주며 이론과 실제와의 차이점, 건축에 대한 전문가들의 이견과 경험을 보여주는 것이 좋다. 느닷없이 〈한옥의 아름다움〉이면 걸맞지 않다.

이력이 원고의 강점으로 되어야 한다. 평생 대학병원 외과 수술실의 오퍼레이터로 일했던 사람이 은퇴 후 "죽음의 형태와 남겨진 것들"이라는 책을 낸다면 설득력 있지 않은가? 자신의 이력에 걸맞은 책의 콘셉트를 만들어내는 것이 책을 구상하는 첫걸음인지도 모르겠다.

투고를 위해 완전원고를 준비해야 할까

"출판사에 투고할 때 완전원고를 넘겨야 할까요?"라는 질문을 받았다. 아마 마지막 페이지까지 써서 탈고한 최종고를 뜻하는 말일 것이다. 완전원고란 교정·교열 없이 바로 출판해도 될 정도의 원고를 의미한다. 출판권 설정 계약에는 작가는 '완전원고'를 넘길 의무가 있다고 명시되어 있지만, 실제 그런 일은 거의 없다. 작가가 원고를 넘기면 편집자가 첨삭하며 주고받으며 교정·교열한다.

투고할 때 출판제안서(계획서)와 함께 소제목 몇 꼭지(10여 쪽)만을 넘기기도 하고 전체원고를 넘길 때도 있다. 전체원고를 넘기지 않고 일부만 넘기는 이유는 출판사와 조율해 다시 목차를 수정하고 책의 집필방향을 점검하기 위해서다. 원고를 다 집필한 상태에서 출판사가 2/3 정도를 다시 쓰자고 하면 그간의 노력이 아깝지 않은가. 이와 달리 출판사에 전체원고를 넘길 때도 많다. 일부 내용과 목차만 봐선 작가의 내공이나 원고의 완결성을 가늠하기 어렵기 때문이다. 대부분의 출판기획자는 "완성본이 혹시 있으시면 보내주시겠어요?"라며 요청한다. 이때 원고가 준비되어 있지 않고 3달 정도 후에 완성된다고 하면 판단이 어렵다. 당장 미팅을 잡아 목차를 조정하며 계약을 준비해야 할지 아니면 완성고가 나올 때까지 기다릴지 마음이 서질 않는다. 투고한 내용이 무척 새롭고 문장 또한 아름답다면 에디터가 만나자고 할 것이고, 그 정도의 작품이 아니라면 "지금 원고만 봐서는 판단이 어렵다."며 나중에 다시 이야기하자 할 것이다.

필자는 우선 원고를 탈고해 완성한 후 보내라고 권하고 싶다. 대부분의 에디터는 목차와 문장 일부만 봐도 작가의 기초자질을 가늠할 수 있다. 그렇다면 남은 문제는 전체 콘텐츠인데, 원고 중 참 좋은 부분도 있을 것이고 어떤 대목은 진부할 수 있다. 좋은 부분이 훨씬 많다면 출판을 제안할 것이다. 결국 출판사 편집자가 판단할 수 있도록 해주는 것이 출판에도 유리하다.

chapter 3

출판하기

"처음 작품을 보여줄 때 당신은 별것 아니고, 당신의 작품도 하찮다는 얘기만 많이 할 거에요. 그런데 누가 그런 소리를 해도 중요하지 않아요. 자기 자신만 큼은 자기 작품이 최고라는 걸 절대 잊지 말고, 남들이 나를 그렇게 대하지 않더라도 나를, 내 작품을 최고로 대우해줘야 해요."*

— 동화작가 백희나.
2020. 9. 9.

---

* tvN. 2020. 9. 9. 유 퀴즈 온 더 블록 71회.

왜 '구름빵' 작가의 저작권은
구름같이 사라졌나

    2004년에 나온 그림책《구름빵》은 2019년을 기준으로 대략 45만 부 이상 팔렸고 출판사는 20여 억 원을 벌어들였다고 전해진다. 구름빵 캐릭터를 활용한 스티커, 애니메이션, 뮤지컬 등으로 출판사 한솔교육과 한솔수복이 벌어들인 2차 저작물 수익도 꽤 된다. 백희나 작가가 당시 출판사였던 한솔교육으로부터 받은 돈은 1,850만 원이었다. 백 작가는 당시 저작권을 출판사에 양도했기에, 책이 많이 팔려 출판사가 큰돈을 벌어도 초기 계약금 외에는 돈을 받을 수 없었다.

    세간에 알려진 바와 달리 백 작가는 '인세 지급의 부당함'을 다투기 위해 소송한 것이 아니었다. 《구름빵》의 주요 캐릭터 '홍비', '홍시'가 별개의 저작물임을 인정해달라는 소송을 했다. 원작의 캐릭터가 애니메이션이나 뮤지컬, 심지어 다른 시리즈의 책에서 재생산되어 소비되는 방식을 참기 힘들었던 백 작가는 2017년 소송해 2020년 최종 패소했다. 물론 백 작가가 승소를 확신했던 건 아니었다. 지더라도 "《구름빵》의 저작권이 나에게 없고, 이건 분명 부당한 일이라는 것을 후배 작가들에게 일러주고 싶었다."[1]고 회고했다.

2020년에 이 사연이 크게 회자된 이유는, 백 작가가 《구름빵》으로 '아스트리드 린드그렌추모문학상'ALMA; Astrid Lindgren Memorial Award을 수상했기 때문인지도 모르겠다. 린드그렌상은 스웨덴 정부가 제정한 상으로 동화, 그림책의 노벨상이라고도 불릴 정도로 권위 있는 상이다. 대체적인 여론은 백 작가의 억울함이 조금이라도 풀렸으면 한다는 것이었다. 백 작가는 tvN '유 퀴즈 온 더 블록'에 출연해 "지난날의 그 계약과 지금의 소송 결과가 후배들에게 너무 미안하다."고 밝혔다. 하지만 법에 대한 문외한이라서 법무팀까지 갖춘 출판사와 공정한 계약을 맺는 건 너무 어려운 일이었다고 한다.

"계약서를 쓸 때, 처음 작품을 보여줄 때 아마 다들 부족하다는 이야기만 할 거예요. 당신은 별것 아니고, 당신의 작품도 하찮다는 얘기를 많이 들을 거예요. 그런데 누가 그런 소리를 해도 중요하지 않아요. 자기 자신만큼은 자기 작품이 최고라는 걸 절대 잊지 말고, 남들이 나를 그렇게 대하지 않더라도 나를, 내 작품을 최고로 대우

1) SBS. 2020. 5. 22. 비디오머그. 〈아동문학계 노벨상' 백희나 작가를 비머가 만났습니다〉.

해줘야 해요. 그에 맞는 계약을 해야 하고. 다음은 없어요. 이 작품 도 꼭 지키시길 바래요."2)

그렇다면 출판사의 입장은 어떨까? 당시 계약 당사자였던 한솔수 북 대표는 자신의 페이스북에 "본인이 어떻게 그림책 작가가 될 수 있었는지, 어떻게 구름빵이 유명해질 수 있었는지는 일절 얘기하지 않고, 모든 것을 혼자서 다 해냈고 출판사는 아무 역할도 없이 열매 를 가로챈 것처럼 얘기한다."며 불만을 토로했다. 그림책과 아무런 관련이 없었던 백 작가에게 먼저 연락을 해 작업 제안을 했고, 다른 작가들보다 훨씬 많은 작업 비용과 사진 찍는 데만 수개월의 시간과 인력을 투여했다면서 《구름빵》이 만들어질 수 있었던 출판사의 수 고를 강조했다. 2005년 볼로냐에서 '올해의 일러스트'로 《구름빵》 이 선정될 수 있었던 이유가 출판사의 노력이었고, 이후 저작권을 원작자에게 돌려주기 위한 제안을 했을 때에도 백 작가는 사진 촬영 작가의 저작권을 인정할 수 없다고 주장해 무위로 돌아간 바 있다고 주장했다.

백 작가가 맺은 계약은 매절買切계약이다. 매절계약은 주로 뜰지 안 뜰지 불확실한 신인작가에게 출판사가 제안하는 방식이다. 출판 이후 책이 팔리는 양과 관련 없이 원고 작업이 끝나면 작가에게 일 정한 계약금을 주고 작가는 저작권을 양도한다. 백 작가의 소송에 대해 고등법원(2심)은 다음과 같이 판시했다.

"계약이 체결된 2003년 당시 원고가 신인 작가였던 점을 감안해 상업적 성공 가능성에 대한 위험을 적절히 분담하려는 측면도 갖고 있어, 백 작가에게 부당하게 불리한 조항이라고 볼 수 없다."

만약 대법원이 백 작가의 손을 들어줬더라면 출판업계는 엄청난 혼란에 휩싸였을 것이다. 매절계약으로 손해를 본 출판사도 많지만, 상당한 이익을 본 출판사들은 줄 소송에 휘말렸을 것이다. 일각에선 대법원이 사안의 영향력을 감안해 심리조차 안 하고 1, 2심 판결을 그대로 받아들였다고 말한다.

앞서 백 작가가 패소했던 이유는 '저작물개발용역계약'을 하며 맺은 계약조항 때문이다. 백 작가(원고)는《구름빵》의 저작권이 설사 출판사(피고) 측에 있다 하더라도 '홍비', '홍시'와 같은 캐릭터는 별도의 저작권 보호를 받는 저작물인데, 출판사가 이를 무단 사용해 지적재산권을 침해당했다고 주장했으나 법원은 이를 받아들이지 않았다. 출판계약의 성격을 확인하기 위해 법원 판결문에서 드러난 아래 계약서를 살펴보자. 원고가 백 작가, 피고가 출판사다.

제5조 [저작권]

① 저작물의 저작인격권을 제외한 일체의 권리(저작물의 저작재산권, 2차
   적 저작물 또는 편집저작물을 작성, 응용할 권리 포함)는 저작물의 인도
   시에 피고에게 양도된 것으로 본다.

② 원고는 피고 출판사가 필요한 시기에 임의로 저작물을 공표할 것을 허
   락한다.

③ 원고는 저작물의 전부 또는 일부의 내용이나 이와 유사한 내용을 피고
   출판사의 동의 없이 제3자에게 사용(출판, 복제, 배포, 대여, 전송, 판
   매 등) 허락할 수 없다.

④ 원고는 저작권 등록 등에 필요한 경우, 피고 출판사의 요청에 적극 협력
   해야 한다.

⑤ 피고 출판사는 원고의 성명, 사진, 약력, 서명 등을 저작물 및 저작물이
   삽입된 출판물과 이를 광고, 홍보하기 위한 각종 매체에 사용할 수 있다.

제6조 [저작물의 수정 · 변경]

① 피고 출판사는 필요한 경우, 저작물의 본질적 내용을 변경하지 아니하
   는 범위에서 원고로부터 인도받은 저작물의 내용을 수정, 변경, 편집하
   거나 번역, 방송, 녹음, 녹화, CD 등 기타 전자기록 매체에 의한 저장
   (인터넷 온라인 또는 PC통신상의 게시, 컴퓨터 파일형태를 통한 전송
   혹은 배로, 전자서적의 발간 등과 관련해 저작물을 이용하는 것 등)에 2
   차적으로 사용할 수 있고 원고는 피고 출판사의 서면 동의없이 저작물
   을 2차적으로 사용하거나 또는 제3자에게 저작물의 2차적 사용을 허락
   할 수 없다.

위에서 보듯 '저작인격권'을 제외한 모든 저작권을 출판사에 양
도했고, 오히려 백 작가가 저작물을 수정, 변경, 방송, 녹음, 녹화할
수 없도록 2차 저작물에 대한 권리까지도 출판사가 독점했다.

저작권과 설정계약

저작권이 저작권법으로 보호받기 위해선 출판권 설정계약을 해야 한다. 이는 일정 기간 저작권을 양도받은 출판사에게도 절실하고, 이후 저작권을 보호받아야 하는 작가에게도 중요하다. 출판저작권의 설정은 책과 도화 등의 복제와 배포 등에 적용된다. 따라서 저작권을 토대로 유튜브 영상물에 책의 텍스트를 활용하거나, 해당 작품을 애니메이션 등으로 제작하는 경우 이를 2차 저작권으로 보고 이 역시 별도로 계약에 넣어야 한다. 출판사가 계약 시 출판저작권만을 설정하고 별도의 2차 저작물에 대한 계약이 없다면 출판사는 저작권에 대한 저자의 동의 없이 스티커나, 캐릭터 상품, 동영상 등으로 사용하지 못한다. 저작권법에는 "저작물을 복제·배포할 권리를 가진 자가 그 저작물을 인쇄 그 밖에 이와 유사한 방법으로 문서 또는 도화로 발행하고자 하는 자에 대하여 이를 출판할 권리(이하 "출판권"이라 한다)를 설정할 수 있다."라고 규정하고 있다.

그렇다면 저작인격권은 무엇일까? 저작자가 자기 작품에 대해 가지는 인격, 정신적 권리를 말한다. 규정이 다소 추상적이지만 세부 내용을 뜯어보면 쉽다. 예전에는 프로야구경기 도중 '부산 갈매기', '연안부두' 등의 개작된 노래가 확성기를 통해 울려 퍼지곤 했지만, 지금은 이런 모습을 찾아볼 수 없다. 다름 아닌 저작인격권 소송 때문이다. 저작인격권에는 '저작권자의 저작물에 대한 동일성 유지권'이라는 내용이 포함되어 있다. 원래 노래를 저작권자의 동의 없이 개사, 편곡해 녹음한 음원을 송출하는 것은 저작권과 저작인격권 모두를 침해하는 것이다. 그렇다면 선거철마다 유세차에서 쏟아지는 각종 로고송들은 이런 저작인격권 협의를 거친 것일까? 그렇다. 후보자 측에서 특정 노래를 한국음악저작협회에 사용하겠다고 요청하면, 협회는 저작권자와 협의해 저작사용료, 저작인격권료 등을 공지한다. 출판에서도 마찬가지다.

저작인격권은 공표권, 성명표시권, 동일성유지권을 포함한다. 공표권 역시 어떤 경우엔 매우 중요하다. 저자가 출판 전에 작품 중 일부가 마음에 안 들어 삭제를 요청했음에도 출판사가 이를 무시하고 강행하면 공표권의 침해로 본다. 아직 발표하지 않은 작품을 자신이 죽은 후에도 공표하지 말라고 하는 것 또한 이에 속한다. 성명표시권은 저작물에 이름을 어떻게 표기할 것인가에 대한 권리다. 필명으로 표시할 수도 있고 본명으로, 혹은 아이디를 성명으로 등록할 수도 있다. 이를 성명표시권이라 한다. 참고로 저작권[3]은 저자의 인격적 측면을 보호하는 저작인격권과 경제적 측면을 보호하는 저작재산권으로 분류할 수 있으며, 저작권의 이해를 위해 아래 도표를 참조하면 된다.

---

3) 저작권법에 따르면 저작권(著作權, copyright)은 문학·학술 또는 예술의 범위에 속하는 창작물의 창작에 의하여 그 창작물에 대하여 창작자가 취득하는 권리를 말하고, 저작인접권(neighbouring right)은 실연자가 실연을 할 때, 음반 제작자가 음을 맨 처음 유형물에 고정한 때, 방송사업자가 방송을 한 때에 각각으로 취득하는 권리를 말한다. 좁은 의미의 저작권이라는 용어는 저작재산권만을 의미하고, 넓은 의미로는 저작재산권과 저작인격권을 포함하는 개념이다. 더욱 광범위한 의미로는 저작재산권·저작인격권뿐만 아니라 저작인접권과 출판 등 저작권법에 규정되어 있는 모든 권리를 포함하는 개념으로 사용되고 있다. 대한법률편찬연구회. 〈지적 재산권법 총람〉. 법문북스(2010년).

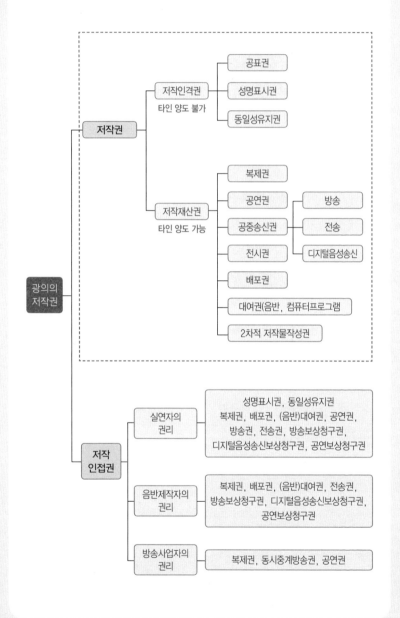

첫 책 낼 때 반드시 챙겨야 할
출판권설정 조항

출판권과 관련한 계약을 저작권 범위에 관한 형태로 구분하면, △단순출판 허락계약 △독점출판 허락계약 △배타적 발행권 설정계약 △저작물 이용허락계약 △출판권 및 배타적 발행권 설정계약 △출판권설정계약 등으로 분류할 수 있다.

계약 형태에서 보면 알 수 있듯, 〈허락계약〉이 있고 〈설정계약〉이 있다. 허락계약은 '출판권자'(이하 출판사)가 '저작재산권자'(이하 저자)에게 단순히 출판을 허락받은 것을 말하며, 해당 저작물에 대해 배타적 독점권은 행사할 수 없다. 저자가 출판사의 사전 동의 없이 개정판, 증보판을 다른 출판사에 발행하게 해도 출판사가 대항할 방법이 없다.

하지만 출판권을 '설정'해 한국저작권위원회에 출판등록하면 출판사는 배타적 권리를 얻게 된다. 저자는 동일하거나 유사 형태의 저작물을 다른 출판사와 계약할 수 없고 2차 저작물 역시 마찬가지다. 전자책E-Book이나 오디오북, 플랫폼 등에 대한 것은 '출판권'에 포함되지 않는다. 이것까지 일괄 계약하고자 한다면 출판사는 "출판권 및 배타적 발행권 설정계약"을 해야 한다. 2차 저작물에 대한 권리를 별도로 약정하지 않았다면 저자의 권리는 보호된다. 출판사가 저자에게 허락을 구해야 하는 것이다. 최근 한국출판문화산업진흥원에서 공개한 표준계약서에는 "2차 저작물이 연극, 영화, 방송 등에 사용될 때 혹은 일부가 제3자에게 재사용될 때에는 모든 권리는 '저작재산권자'에게 있다."고 명시하고 있다. 물론 이는 표준계약서일 뿐 이를 강제할 근거는 아직 없다.

한국출판문화산업진흥원에서 권고하는 〈출판권설정 표준계약서〉를 살펴보자. 독자들이 눈여겨봐야 할 대목은 굵게 표시했다. 물론 이 표준계약서를 지키지 않거나, 이런 표준계약서가 있다는 사실조차 모르는 출판사도 많다. 따라서 저자가 이를 표준으로 인식해 출판사에서 요구하는 계약서와 비교하면서 독소조항 등을 확인할 수 있어야 한다.

출판권설정 표준계약서

저작재산권자 와(과) 출판권자 는 아래의 저작물에 대하여 다음과 같이 출판권설정계약을 체결한다.

저작자의 표시

성명 : _____   이명(필명) : _____

저작재산권자의 표시

성명 : _____   생년월일 : _____

저작물의 표시

제호(가제) : _____

저작물의 내용 개요 : _____

제1조 (출판권의 설정)

① 저작재산권자는 출판권자에게 위에 표시된 저작물(이하 '위 저작물'이라고 함)에 대한 출판권을 설정한다.

② 제1항의 규정에 따라 출판권자는 위 저작물을 원작 그대로 출판할 수 있는 독점적이고도 배타적인 권리를 가진다.

제2조 (출판권의 등록)

① 저작권법에 따라 출판권자는 위 저작물에 대한 출판권 설정 사실을 한국저작권위원회에 등록할 수 있다.

② 제1항에 따라 출판권자가 출판권 설정등록을 하는 경우 저작재산권자는 등록에 필요한 서류를 출판권자에게 제공하는 등 이에 적극 협력하여야 한다.

제3조 (배타적 이용)

① 저작재산권자는 이 계약기간 중 위 저작물의 제호 및 내용의 전부
와 동일 또는 유사한 저작물을 별도로 출판하거나 제3자로 하여금
출판하게 하여서는 아니 된다.

② 저작재산권자는 이 계약기간 중 출판권자의 사전 동의 없이 위 저
작물의 개정판 또는 증보판을 직접 발행하거나 제3자로 하여금 발
행하도록 하여서는 아니 된다.

제4조 (출판권의 존속기간 등)

① 위 저작물의 출판권은 계약일로부터 초판 1쇄 발행일까지, 그리고
초판 1쇄 발행 후 ____년간 존속한다.

② 저작재산권자 또는 출판권자는 계약기간 만료일 ____개월 전까지
문서로써 상대방에게 계약의 해지를 통고할 수 있으며, 이러한 해
지 통고에 따라 계약기간 만료일에 이 계약은 종료된다.

③ 제2항에 따른 해지 통고가 없는 경우에는 이 계약은 동일한 조건으
로 ____회에 한하여 개월 자동 연장된다.

제5조 (완전원고의 인도와 발행 시기)

① 저작재산권자는 ____년 __월 __일까지 위 저작물의 출판을 위하여
필요하고도 완전한 원고 또는 이에 상당한 자료(이하 '완전원고'라
줄임)를 출판권자에게 인도하여야 한다. 다만, 부득이한 사정이 있
을 때에는 출판권자와 협의하여 그 기일을 변경할 수 있다.

② 출판권자는 저작재산권자로부터 완전원고를 인도받은 날로부터
____개월 내에 위 저작물을 출판하여야 한다. 다만, 부득이한 사정이
있을 때에는 저작재산권자와 협의하여 그 기일을 변경할 수 있다.

제6조 (저작물의 내용에 따른 책임) 위 저작물의 내용이 제3자의 저작권 등 법적 권리를 침해하여 출판권자 또는 제3자에게 손해를 끼칠 경우에는 저작재산권자가 그에 관한 모든 책임을 진다.

제7조 (저작인격권의 존중) 출판권자는 저작자의 저작인격권을 존중하여 저작자가 저작물에 표시한 실명 또는 이명 등 성명을 올바르게 표시하여야 하며, 위 저작물의 제호, 내용 및 형식을 바꾸고자 할 때는 반드시 저작자의 동의를 얻어야 한다.

제8조 (교정) 위 저작물의 내용 교정 및 교열은 저작재산권자의 책임 아래 저작재산권자가 수행함을 원칙으로 한다. 다만, 저작재산권자는 출판권자에게 교정 및 교열에 대한 협력을 요청할 수 있으며, 출판권자는 저작재산권자의 요청에 따라 수행한 교정 및 교열 내용에 대하여 저작재산권자로부터 최종 확인을 받아야 한다.

제9조 (저작물의 수정증감 및 비용부담)
① 저작재산권자는 출판권자가 출판권의 목적인 위 저작물을 중쇄 또는 중판하는 경우에 정당한 범위 안에서 그 저작물의 내용을 수정하거나 증감할 수 있다.
② 출판권자는 출판권의 목적인 위 저작물을 중쇄 또는 중판하고자 하는 경우에 그때마다 미리 저작재산권자에게 그 사실을 알려야 한다.
③ 위 저작물의 저작에 필요한 비용은 저작재산권자가 부담하고 출판물의 제작, 홍보, 광고 및 판매에 따른 비용은 출판권자가 부담한다.
④ 초판 1쇄 발행 이후 중쇄 또는 중판을 발행함에 있어 저작재산권자의 요청에 따른 수정, 증감 등에 의하여 통상의 제작비를 현저히 초

과하는 경우 그 초과금액에 대한 저작재산권자의 부담액은 저작재산권자와 출판권자가 협의하여 정한다. 이때 통상의 제작비는 초판 1쇄 발행 비용을 기준으로 산정한다.

제10조 (저작권의 표지 등)
① 출판권자는 위 저작물의 출판물에 적당한 방법으로 저작자 및 저작재산권자의 성명과 발행 연월일 등 저작권 표지를 하여야 한다.
② 저작재산권자와 출판권자는 검인지 부착 또는 생략에 관한 사항을 협의하여 정한다.

제11조 (정가, 판형, 제책방식 등)
① 위 저작물의 출판물에 대한 정가, 판형, 제책방식 등은 출판권자가 결정한다. 다만, 저작재산권자가 출판권자에게 이에 대한 의견을 표시한 경우 출판권자는 적극적으로 저작재산권자와 협의하여야 한다.
② 중쇄(판)의 시기 및 홍보·광고, 판매의 방법 등은 출판권자가 결정한다. 다만, 출판권자는 사전에 저작재산권자와 이를 협의할 수 있다.
③ 출판권자는 출판물을 홍보, 광고함에 있어 저작재산권자의 명예를 훼손하여서는 아니 된다.

제12조 (계속 출판의 의무) 출판권자는 이 계약기간 중 위 저작물을 계속 출판하여야 한다. 다만, 개월 동안 월간 평균 판매량이 _____부 이하가 될 경우, 저작재산권자와 출판권자가 합의하여 이 계약을 해지할 수 있다.

제13조 (저작권사용료 등)

① 출판권자는 저작재산권자에게 정가의 ＿＿％ 에 해당하는 금액에 발행(또는 판매) 부수를 곱한 금액을 저작권사용료로 지급한다. 이 때 저작재산권자는 출판권자에게 발행(또는 판매)에 대한 자료를 요청할 수 있다.

② 출판권자는 ＿＿개월에 한 번씩 발행(또는 판매) 부수를 저작재산권자에게 통보하고 통보 후 ＿＿일 이내에 그 기간에 해당하는 저작권사용료를 지급하여야 한다. 만일 출판권자가 발행(또는 판매) 부수를 약정기일에 통보하지 아니하는 경우에는 저작재산권자는 임의로 ＿＿부에 해당하는 저작권사용료를 청구할 수 있으며, 그 금액이 실제 발행(또는 판매) 부수를 초과했음을 출판권자가 입증하는 경우에 이후의 저작권사용료에서 이를 공제한다.

③ 저작재산권자는 납본, 증정, 신간 안내, 서평, 홍보 등을 위하여 제공되는 부수에 대하여는 저작권사용료를 면제한다. 다만, 그 부수는 매쇄 당 ＿＿％ 를 초과할 수 없으며, 출판권자는 자세한 내역을 저작재산권자에게 알려주어야 한다.

제14조 (선급금)

① 출판권자는 이 계약과 동시에 선급금으로 ＿＿＿만 원을 저작재산권자에게 지급한다.

② 초판 제1쇄의 발행부수는 ＿＿부로 한다.

③ 출판권자는 초판 제1쇄 발행 시 지급할 저작권사용료에서 제1항의 선급금을 공제한다.

제15조 (저작재산권자에 대한 증정본 등)

① 출판권자는 초판(개정판) 1쇄 발행 시 ＿＿부, 중쇄 발행 시 ＿＿부

를 저작재산권자에게 증정한다.

② 저작재산권자가 제1항의 부수를 초과하는 출판물이 필요한 경우 정가의 _____ % 에 해당하는 금액으로 출판권자로부터 구입할 수 있다.

제16조 (2차적 저작물 및 재사용 이용허락)

① 이 계약기간 중에 위 저작물이 번역, 각색, 변형 등에 의하여 2차적 저작물로서 연극, 영화, 방송 등에 사용될 경우 그에 관한 이용허락 등 모든 권리는 저작재산권자에게 있으며, 이때 발생하는 저작권 사용료의 징수 등에 관한 사항에 대하여 출판권자에게 위임할 수 있다.

② 이 계약의 목적물인 위 저작물의 내용 중 일부가 제3자에 의하여 재사용되는 경우, 저작재산권자가 그에 관한 이용을 허락하며, 이 때 발생하는 저작권사용료의 징수 등에 관한 사항에 대해 출판권 자에게 위임할 수 있다.

③ 저작재산권자는 위 저작물을 원저작물로 하는 2차적 저작물의 수 출에 관한 사항의 전부 또는 일부를 출판권자에게 위임할 수 있다.

제17조 (전집 또는 선집 등에의 수록) 이 계약기간 중에 저작재산권자가

위 저작물을 자신의 전집이나 선집 등에 수록, 출판할 때는 미리 출판 권자의 동의를 얻어야 한다.

제18조 (저작재산권, 출판권의 양도 등)

① 저작재산권자는 위 저작물의 복제권 및 배포권의 전부 또는 일부 를 제3자에게 양도하거나 이에 대하여 질권을 설정하고자 하는 경 우에는 사전에 이를 출판권자에게 통보하여야 한다.

② 출판권자는 위 저작물의 출판권을 제3자에게 양도하거나 이에 대하여 질권을 설정하고자 하는 경우에는 반드시 저작재산권자의 문서에 의한 동의를 얻어야 한다.

제19조 (판면파일의 매수 요청)
① 저작재산권자가 위 저작물이 게재된 출판물의 판면을 그대로 이용하여 전자책(e-Book) 등 비종이책의 제작을 제3자에게 허락하고자 할 경우 출판권자는 저작재산권자에게 위 저작물의 교정 및 편집에 따른 비용을 감안하여 판면파일의 매수를 요청할 수 있다.
② 제1항에 따라 출판권자가 저작재산권자에게 출판물의 판면파일을 양도하는 경우 그것의 구체적인 금액 등에 관한 사항은 별도로 합의한다.

제20조 (원고의 반환) 위 저작물의 출판 후 출판권자는 저작재산권자에게 원고를 반환하여야 한다. 다만, 저작재산권자와 출판권자가 협의하여 원고를 반환하지 않을 수도 있다.

제21조 (계약 내용의 변경) 이 계약은 저작재산권자와 출판권자 쌍방의 합의에 의하여 변경할 수 있다. 이에 대한 합의는 서면으로 한다.

제22조 (계약의 해지 또는 해제)
① 저작재산권자 또는 출판권자가 이 계약에서 정한 사항을 위반하였을 경우 그 상대방은 _____ 일(개월) 이상의 기간을 정하여 제대로 이행할 것을 알릴 수 있다.
② 제1항의 조치에도 불구하고 이를 이행하지 아니하는 경우 그 상대방은 이 계약을 해지 또는 해제할 수 있고, 그로 인한 손해의 배상

을 청구할 수 있다.

③ 저작재산권자는 출판권자가 더 이상 출판할 의사가 없음을 표명하거나 절판 및 도산 등의 사유로 출판할 수 없는 상황이 명백한 경우 즉시 계약의 해지를 출판권자에게 통고할 수 있다.

④ 저작재산권자 또는 출판권자(소속임직원을 포함한다)가 상대방에게 성희롱, 성폭행 등 관련 법률에 따른 성범죄를 저지른 경우, 그 상대방은 계약을 해지할 수 있으며 그로 인한 손해의 배상을 청구할 수 있다.

제23조 (출판권 소멸 후의 배포)

① 출판권이 소멸한 후에도 출판권자는 계약기간 만료일 이전에 발행된 도서의 재고품을 월 동안 배포할 수 있다. 만일 출판권 소멸 후 재고도서 배포 약정기간이 경과하였음에도 출판권자가 도서를 배포하는 경우 출판권자는 이에 따른 민·형사상의 책임을 진다.

② 제1항에 따른 재고품의 배포에 대하여 출판권자는 제13조 제1항에 따라 저작권사용료를 지급하여야 한다.

제24조 (재해, 사고) 천재지변, 그 밖의 불가항력의 재난으로 저작재산권자 또는 출판권자가 손해를 입거나 계약 이행이 지체 또는 불가능하게 된 경우에는 서로의 책임을 면제하며, 후속조치를 쌍방이 합의하여 결정한다.

제25조 (비밀 유지) 저작재산권자와 출판권자는 이 계약의 체결 및 이행과정에서 알게 된 상대방 및 상대방의 거래처 등에 관한 모든 비밀 정보를, 상대방의 서면에 의한 승낙 없이 제3자에게 누설하여서는 아니 된다.

제26조 (개인정보의 취급)

① 저작재산권자와 출판권자는 위 저작물의 출판 및 이에 부수하는 업무과정에서 알게 된 상대방의 개인정보를 개인정보보호법의 취지에 따라 유의하여 취급하여야 하며, 사전 동의 없이 이를 누설하거나 다른 사람이 이용하도록 제공하여서는 아니 된다.

② 저작재산권자는 출판권자가 이 계약에 의한 출판물의 제작 및 광고, 홍보, 판매 등을 위하여 저작재산권자가 제공한 정보를 스스로 이용하거나 제 3자에게 제공하는 것을 허락한다. 다만, 저작자의 초상 이용에 대하여는 저작재산권자와 출판권자가 합의하여 결정한다.

제27조 (계약의 해석 및 보완) 이 계약에 명시되어 있지 아니한 사항에 대하여는 저작재산권자와 출판권자가 합의하여 정할 수 있고, 해석상 이견이 있을 경우에는 저작권법 등 관련법률 및 계약해석의 원칙에 따라 해결한다.

제28조 (분쟁의 해결)

① 이 계약과 관련한 분쟁이 발생할 경우 저작재산권자와 출판권자는 제소에 앞서 한국저작권위원회의 조정을 받을 수 있다.

② 저작재산권자와 출판권자 사이에 제기되는 소송은 _____ 법원을 제1심 법원으로 한다.

특약 사항:

1. 출판권 등록 여부

2. 완전원고 판단 기준 / 공동저작물 여부에 대한 합의

3. 검인지 부착 여부

4. 저작권사용료 송금 방법

5. 2차적 저작물/재사용/저작권 수출 관련사항 위임 여부

6. 판면파일 매수청구에 관한 사항

7. 원고의 반환 여부

8. 출판권 소멸 후의 재고도서 배포 약정기간 위반에 대한 손해배상 범위

9. 한국저작권위원회 조정에 대한 합의 여부

이 계약을 증명하기 위하여 계약서 3통을 작성하여 저작재산권자, 출판권자가 서명 날인한 다음 각 1통씩 보관하고, 나머지 1통은 출판권 설정등록용으로 사용한다.

계약서의 핵심조항은 다음과 같다.

· 출판권의 존속기간
· 저작인격권
· 1쇄 인쇄량, 정가, 판형, 제책방식
· 계속출판의 의무
· 저작권료(인세와 지급방식)
· 2차 저작물에 대한 권한과 수출물 위임여부
· 전자책에 출판사(판면)파일 사용 권한
· 전집 또는 선집 수록
· 쌍방 간의 비밀유지 의무
· 계약 소멸의 사유와 계약 해지

이 중 13조의 저작권료 조항은 작가가 세심하게 살펴 요구하는 것이 좋다. 만약 초판 인쇄 후 6개월에 한 번씩 판매부수를 작가에게 통보하고, 통보일 30일 이내 입금하기로 계약했다면 길게는 7개월간 인세를 받지 못한다. 자신의 경제력과 상관없이 돈을 제때 받는 것이 유리하다. 그 돈을 생활비로 사용하거나 다른 작품에 투자할 수도 있지 않은가? 특히 13조 3항의 "납본, 증정, 신간 안내, 서평, 홍보 등을 위하여 제공되는 부수"는 통상 10% 정도로 책정된다. 서점 MD에게 책을 주면서 홍보해야 하기 때문이다. 인세 지급에서 이 '영업부수'는 제외된다. 인세 계약에 대해선 다음 장에서 자세히 다루기로 한다.

이 외에도 출판사는 통상 저자에게 10권 정도의 증정본을 주는데, 별것 아닌 것 같지만 이 때문에 저자의 마음이 상하기도 한다. 친지는 물론 지인에게 주자면 30권 정도는 필요한데 10권만 주고 나머지는 할인가격에 사라니 매정하다고 느낀다. 이 역시 계약서에 명시하는 것이 좋다. 20권이 별것 아닌 것 같지만 출판사 입장에선 정가 2만 원 도서 20부면 40만 원의 매출이다. 이는 100만 원이었던 선인세에 40만 원을 더 얹어 달라는 것과 동일한 요구다.

출판사의 〈계속출판의무〉와 관련해선 분쟁이 잦다. 계속출판의무란 계약기간 동안엔 책의 복제, 배포를 중단해서는 안 된다는 뜻이다. 즉 책이 많이 팔리지 않는다고 절판 시키거나, 서점의 입고 요청에도 책을 보내지 않는 행위를 하면 안 된다는 뜻이다. 이 '계속출판' 조항을 일부 저자들은 적극적으로 해석해 책이 계속 팔릴 수 있도록 출판사가 힘을 다해 마케팅을 해야 하는 의무조항으로 이해하는 경우도 있다. 이 경우에는 홍보비용의 책정 등, 특약사항으로 계약을 체결하는 것이 옳다. 그리고 1인 출판사의 경우 대표 개인의 사정으로 이 의무를 이행하지 않을 땐 즉시 판권을 회수할 것을 권한다.

출판사가 계약서를 저자에게 보내면 저자는 구절 하나씩 확인해 다시 수정할 수 있어야 한다. 어련히 출판사가 알아서 잘해주겠지 생각하다 낭패를 본 저자들이 많다. 그리고 꼭 생경한 법률적 용어를 사용할 필요 없이 자신에게 이로운 특별한 조항은 '특약사항'에

뚜렷이 명시하면 된다. 계약에 명시하지 않는 항목이 있으면 출판사에 되묻는 것이 좋다. 가령 "전자책과 관련한 출판은 제가 알아서 다른 출판사에 맡겨도 되겠습니까?"라는 식이다.

출판계약의 종류
① 인세계약과 선인세

　인세印稅계약은 작가가 책의 총 판매액에서 일정 비율을 받는 비율제 계약이다. 통상 7~12%까지 적용되는데 대부분은 10% 미만에서 책정된다. 1쇄를 찍어 15,000원 정가의 책이 1,000권이 팔렸다면 총 판매액은 1,500만 원이고 7% 인세계약이면 105만 원, 10%라면 150만 원이다. 다른 사례를 보자. 18,000원의 책이 10만 부 팔렸고 인세가 10%라면, 작가는 1억 8,000만 원을 받는다. 전자가 아직은 알려지지 않은 대부분 작가의 사례라면 후자는 대형 작가의 사례다. 대형작가라고 조정래나 류시화와 같은 작가를 상상하면 안 된다. 불과 3년 전에 비트코인 투자법을 담은 책이 순식간에 수만 부 팔려나갔는데, 이런 투자 관련 서적은 시류를 탄다. 소형 출판사인데도 10% 인세를 주는 회사도 꽤 있다. 다만 이 경우엔 인세의 지급 시기를 조금 늦춰 1쇄에 들어갈 때 일괄 정산하기도 한다.

1쇄 인세의 정산 주기보다 중요한 건 선인세

앞서 계약서에서 살펴봤듯 출판사는 판매부수를 정기적으로 저자에게 알려줘야 하고, 인세 입금일과 정산방식 또한 협의해야 한다. 출판사 역시 판매부수를 알아야 인세를 정산할 수 있기 때문에 판매부수의 고지일과 대금의 정산 주기를 설정하는 게 중요하다. 책의 판매량이 몇백 부에 불과할 때에는 6개월에 한 번씩 정산하는 출판사가 있고 1쇄가 다 팔려야 정산하는 출판사도 있다. 주기가 길수록 작가에게 불리하다고 생각할 수도 있다. 하지만 판매부수를 확인하는 것이 만만한 작업은 아니다. 교보문고, 영풍문고, 예스24, 알라딘 등과 같은 대형서점은 판매량을 다음 날 바로 확인할 수 있지만, 총판을 통해 서점으로 나가면 집계엔 오랜 시간이 걸린다. 서점에서 판매량을 매일 체크해서 통보하는 것도 아니고, 수천 개의 출판사가 일주일에 한 번씩 서점에 문의한다고 가정하면 서점업무가 마비될 것이다. 이럴 때 출판사는 예상판매량을 타산한다. 그간 한 달을 가늠해 100부를 입고했을 때 50부가 판매되었다면, 입고 대비 판매율은 50%다. 이런 타산을 기초로 우선 정산한 후 나중에 다시 정확한 판매량을 확인하기도 한다.

인세의 지급 주기는 선인세先印稅까지 고려해서 판단해야 한다. 선인세는 출판계약과 동시에 작가에게 주는 선급금(계약금)이다. 선인세가 출판계에 자리 잡게 된 이유는 몇 가지 있다. 우선 그간 탈고하느라 고생한 작가에 대한 예우다. 가령 시인은 아직도 우리나라에서 연봉이 가장 적은 직군에 속한다. 시집 가격 또한 9천 원이 대부분이라 2쇄까지 합쳐 총 1만 부를 팔아도 작가에게 돌아가는 돈은 얼마 되지 않는다. 1쇄가 다 팔릴 때를 기다려 지급한다면 무척이나 곤란하지 않을까. 이런 의미 말고도 출판사 입장에선 작가를 잡아두거나, 다른 출판사와의 경쟁에서 이기기 위해 제법 많은 돈을 선인세로 지급하곤 한다. 영화계에선 MG미니멈 개런티; Minimum Guarantee라고 한다. 작품의 예상 관객 수를 토대로 지급한다. 특히 작품을 1, 2, 3편의 시리즈물로 내기로 하면 작가는 상당 기간 집필에 매달려야 한다. 이때 출판사는 작가의 창작 생활을 보장하기 위해 매 종수에 해당하는 선인세를 미리 주기도 한다.

세계적인 베스트셀러는 판권입찰을 하기도 하는데, 입찰액은 상상을 초월한다. 2009년 무라카미 하루키의 《1Q84》는 일본에서 3개월 만에 230만 부를 돌파하며 기염을 토했다. 국내 공개입찰에서 15억 원을 써낸 출판사가 있었을 정도다. 판권 입찰이지만 아직 출판하지 않은 책의 작가에게 주는 돈이니 사실상 선인세의 개념이다. 다만 '문학동네'가 10억 원 정도의 금액에 판권을 들여왔는데, 무라카미 하루키가 출판사의 문학적 위상 또한 중요하게 고려했기에 그 정도 선이었다는 뒷말이 무성했다.[4] '하루키스트'라는 신조어가 유행할 정도로 일본 문학에 대한 관심이 뜨거웠던 시절이다.

---

4) 한기호 출판마케팅연구소장, 〈"베스트셀러 출판사들 줄도산과 선인세의 비밀"〉, 신동아 (2011. 7. 20).

인세의 지급방식은 출판사의 사정과 책 판매량을 예측해 결정된다. 가령 1쇄를 모두 팔았을 때 작가에게 줄 돈이 200만 원가량이라면 처음에 초판 발행부수에 대한 금액을 선인세로 지급하고, 나중에 2쇄를 찍을 때 다시 정산하는 출판사도 있다. 3개월에 한 번 실제 판매량을 기준으로 작가에게 지급하는 계약도 있다. 그리고 1쇄 분에 대한 인세를 2쇄 찍을 때 주고 2쇄에 대한 분량은 3쇄 찍을 때 주는 등 출판사의 재정여건에 따라 다르다. 선인세를 계약시점이 아니라 1쇄 인쇄와 동시에 주는 회사도 많다.

작가의 입장에선 선인세를 처음에 많이 받는 게 당연히 유리하다. 출판사는 이미 지급한 선인세를 만회하기 위해 홍보에 더 공을 들이게 되고, 이 덕에 책도 잘 팔리니 작가로서도 좋다. 자본의 회전이라는 관점에서 보더라도 먼저 받는 것이 유리하다. 200만 원에 불과하더라도 이 돈으로 생활비와 다음 작품을 위한 자료수집 비용으로 쓸 수 있다.

출판계약의 종류
② 자비출판, 반기획 출판, 매절

자비출판

자비출판은 저자가 비용을 모두 지불하는 조건으로 출판사가 책을 내는 방식이다. 인세를 받지 않고 제 돈으로 출판하는 것을 부정적으로 묘사하는 이들도 많지만 그렇지 않은 사례도 많다.

서두에 필자가 사례로 든 아버지를 위한 자서전 300권이 대표적이다. 시집을 대중적으로 팔 자신은 없지만 문우와 주변 동료들에게 나눠주기 위해 〈동인지〉로 발행하기도 한다. 단체의 백서, 문중 어른의 평전 등을 낼 때 판매나 증정의 대상만 분명하다면 자비출판도 현명한 방법이다.

자비출판으로 돈을 쓴다고 생각하지만, 상당한 돈을 버는 사람도 있다. 전국총선거가 열리는 해 봄에 개최되는 후보자들의 〈출판기념회〉가 그렇다. 출판기념회는 선거를 앞둔 예비후보자에게 유일하게 허용된 판매행위다. 광역단체장 선거에서 유력 후보는 체육관에 모인 군중을 대상으로 당일 3,000부를 팔아치운다. 지지자들은 1부만 구매하지 않고 10부 이상을 구매하기도 한다. 현장에서 선관위 직원들이 성가 판매를 하는지 감독하지만, 돈 통에 넣는 봉투를 일일이 감시할 수도 없는 노릇이다. 거스름돈을 주는 수고를 하지 않기 위해 출판기념회용 서적의 정가는 15,000원 내지 20,000원 이렇게 딱 떨어져야 한다.

가격도 후보 마음이다. 15,000원 책을 3,000부 인쇄하는데 1,000만 원이 들었다면, 4,500만 원을 벌어 체육관 대관료와 행사비용을 충당하고 선거비용으로 사용한다. 지지자가 지역의 서점 주인을 연결해주면 평대에 진열해 판매도 대행해 주니 자비출판으로 여러 이익을 얻는 셈이다. 후보자의 책은 곧 후보의 홍보 스토리이기에 이후 캠페인에서도 유용하게 사용된다.

하지만 중앙선거관리위원회는 2021년 4·7 재보궐선거의 D-90이 되는 1월 7일부터 후보자와 관련 있는 출판기념회를 전면 금지한다고 발표했다. 최근에는 코로나19 확산의 여파로 대면 행사가 불가능해지자 '드라이브 스루drive-thru, 차량 탑승' 방식의 출판기념회까지 등장했다.

동호회를 대상으로 책을 판다면 자비출판이 좋다. 하지만 출판사가 자신의 투고를 받아주지 않아 궁여지책으로 선택한 곳이 자비출판이라면 좋은 선택은 아니다. 자비출판을 해야 할 정도라면 여러 출판사에서 원고의 경쟁력이 별로 없을 것으로 판단한 것이다. 또한 자비출판의 결정적 약점은 자비출판을 전문하는 출판사가 책을 팔기 위한 홍보 노력을 거의 하지 않는다는 점이다. 납본[5]하고 보도자료 한 장을 보내고 끝낸다. 어차피 돈도 받았고, 잘 팔리지도 않을 것이라 생각하기 때문이다.

출판권설정계약을 하더라도 출판사의 홍보력이나 사업관행을 파악하고 계약해야 한다. 서류상 출판사가 '을'이지만, 실제 초보 작가에겐 '갑'이다. 수없이 많은 출판사에서 거절당한 원고를 책으로 내겠다는 말에 작가들 대부분은 감복할 뿐 그 이후를 꼼꼼히 살피지 않는 경향이 있다. 계약 전에 출판사가 자신의 책을 팔기 위해 어느 정도의 예산과 노력을 투여할 계획인지를 확인해야 한다. 응당 출판사에선 해당 책을 홍보하기 위한 프로젝트 기획안을 작가에게 제출하는 것이 도리다. 하지만 문서로 홍보예산이나 계획을 작가에게 주지 않는 출판사가 더 많다. 출판사 입장에선 책에 대한 선택과 집중이 중요한데, 비슷한 시기에 책 5종을 출판했다면, 보름 정도 판매추이를 지켜보다가 잘나가는 책에 홍보력을 집중하는 것이 이익이기 때문이다.

---

5) 국립중앙도서관에 2권을 보내 도서정보를 기록하고 보관하게 하는 일.

반기획 출판

기획출판과 매절계약 모두 출판사에겐 위험요소가 있다. 그래서 등장한 새로운 경향이 반기획 출판이다. 1쇄 인쇄에 들어가는 제작비용을 저자와 출판사가 공동으로 부담하는 대신 출판사에선 저자에게 20% 이상의 파격적인 인세를 주는 방식이다. 하지만 선인세가 없다. 위험과 이익을 공유하자는 취지다. 여력이 없는 저자라면 이런 조선노 어렵겠지만, 초판 물량 인쇄비용의 40% 정도만 부담하고 추후에 인세를 많이 받는 계약은 매력적이다. 저자가 작품에 자신 있다면 도전할만하다. 다만 필자라면 출판사의 마케팅 능력이나 에디터의 역량에 주목할 것 같다. 출판사의 편집역량이 단단하고 판매에도 적극적이라면 진입장벽이 높은 출판사보다 좋은 대안이 될 수 있다.

매절계약(저작권, 출판권 양도계약)

앞서 설명했듯 '매절'은 그 개념 자체가 모호해 분쟁이 발생할 소지가 많다. 엄밀히 따지면 '독점적 출판권 설정'이라 볼 수 있지만, 백 작가의 계약서처럼 사실상 '탈취' 형태의 계약이 이루어졌었다. 다행히 과거처럼 저작권 일체를 양도하고 2차 사용권도 전부 위임해 자동갱신으로 15년 이상의 출판권을 독점하는 식의 계약은 대형서점을 중심으로 조금씩 사라지고 있다. 공정거래위원회에서도 기한이 3년 정도로 짧고 저작권자가 자유롭게 저작권을 3자에게 양도할 수 있는 계약을 체결하라고 한다.

그런데 우리 법원은 작가가 통상적인 계약금보다 많은 돈을 받으면 이런 독점적 출판권 설정이 유효하다고 보고 있다. 다시 말해 일정 수준의 고료를 주는 매절계약은 아직 많다. 특히 유아용 교재를 만드는 회사에선 전국의 유치원에 판매되는 교재를 개발하기 위해 이런 식의 용역계약을 하곤 한다. 백희나 작가 역시 처음엔 회원용 교재 개발 사업으로만 알고 뛰어들었다지 않는가. 이런 교재를 만들 때도 작가는 출판권을 일괄로 넘기는 계약이 아니라 출판권의 소멸시효를 명백히 밝히고 판매량에 비례하는 인센티브 계약을 요청하는 것이 좋다. 당시에는 약간 돈을 덜 받더라도 말이다.

이상문학상 사태; 사실상 매절인 저작권 양도 계약

이상문학상은 44년 전통의 문학상으로 공지영, 김연수, 김훈, 한강 등의 작가가 이상문학상 대상 출신이다. 2020년 1월, 이상문학상 우수상 수상자로 선정된 김금희, 이기호, 최은영 등의 작가는 수상을 거부했다. 이들은 처음에 우수상 수상 소식을 듣고 환호했지만, 주최 측인 문학사상이 제시한 계약서를 보고 경악했다. 수상작품을 《이상문학상 45회 작품집》에 실어야 하고, 출판권을 3년간 양도하는 조건이었다. 이들이 작품 수록을 거부하며 수상을 거부하자, 전년도 대상 수상자 윤이형은 문학사상을 비판하며 '작가활동 영구중단'을 선언했고 권여선, 장류진, 조해진, 함정임, 황정은 등의 작가가 동참했다. 앞으로 문학사상의 원고 청탁은 보이콧하겠다고 선언한 것이다. 이상문학상만의 문제는 아니다. 상금이 걸린 상을 주는 출판사는 상금을 주는 대신 수상작을 자기 잡지에 실어 판매하며 저작권을 가져간다. 이쯤 되면 상금이 아니라 매절계약에 따른 계약금이라고 봐야 한다. 대부분 문학상이 문단을 유지하는 권력이기에 선배 작가들은 이를 관행으로 받아들였다. 이상문학상은 2019년까지만 해도 대상 작품만 저작권 양도계약을 했는데 욕심을 내서 우수상 작품까지 손을 대려다 사달이 난 것이다. 작가들의 권익의식은 높아졌는데 문단권력은 퇴보하고 있다는 비판을 받은 이유다.

매절계약으로 손해만 볼까

매절계약으로 저자들은 손해만 봤을까? 그렇지 않은 저자들도 있다. 한식 요리로 한정식당에서는 꽤 알려진 인사가 있었는데, 그는 10년 전에 출판사로부터 1,000만 원을 받고 요리책을 개발하는 매절계약을 맺었다. 요리도 직접 해서 좋은 사진이 나오도록 연출해야 했고 계량화된 레시피를 만드느라 몇 달을 고생했단다. 처음 책이 나온다는 이야기를 들었을 땐, 본전 생각에 아쉽기만 했다고 한다. 하지만 책은 1,000부도 팔리지 않았다. 당시 요리책이 끝물이었기 때문이다. 각종 커뮤니티에 실시간으로 확인할 수 있는 다양하고 참신한 레시피가 올라오는데 굳이 책으로 요리를 배울 필요가 없어진 것이다.

디지털카메라와 관련한 책과 엑셀 프로그램, 프리미어 영상편집 프로그램 등의 사용법을 알려주는 기술서적 또한 비슷한 운명을 맞았다. 당시 매절계약을 했던 저자들은 인세 계약이 아닌 것이 다행이었다고 회고한다. 물론 복불복福不福이다. 매절계약은 출판사에 큰 이익이 되면 저자가 상대적 손해를 보고, 저자가 적절한 이익을 얻으면 출판사가 손실을 보는 구조다.

매절계약이 없어지면 생계를 위협받는 작가들도 많다. 매달 배송되는 학습지나 어린이집에서 한 시즌에만 사용하는 교재를 개발하는 작가들이 대표적이다. 하지만 출판권에 대한 시효 없이 저작권 전부를 양도하는 방식의 매절계약은 사라져야 한다. 해당 교재가 인기를 끌면 내용을 조금 바꿔 몇 년을 활용하며 출판사는 이익을 보는 반면, 저작권을 양도한 작가는 그 사실조차 모르는 경우가 대부분이다. 작가 스스로 자신의 미래가치에 투자할 수 있는 풍토가 정착되어야 한다.

독립출판의 방법;
1인 출판, 크라우드 펀딩, POD

출판사가 책을 내주지 않는다고 방법이 없는 건 아니다. 1인 출판이나 후원자를 모아 책을 내는 방법도 있다. 기성 출판사에 의뢰하지 않고 저자나 동료의 힘으로 출판하는 것을 '독립출판'이라 한다.

1인 출판

1인 출판에 대해선 뒤에서 다시 다루겠지만, 한 권의 책을 내기 위해 1인 출판사를 차리는 사람도 많다. 출판사 등록이 워낙 쉽고 비용도 거의 들지 않기 때문이다. 심지어 사무실 없이 거주지를 사업자주소로 등록해도 된다. 출판업은 책 판매매출에 대해선 부가세가 면제되기 때문에 이 또한 유리하다. 또한 자비출판보다 적은 금액으로 출판할 수도 있다. 일반 출판사에 의뢰하면 편집비용, 교정·교열 비용, 인쇄비용, 수수료 등을 지불해야 하지만, 디자인을 직접하고 교정도 볼 수 있다면 비용을 크게 절감할 수 있다. 초보자에겐 인쇄가 어렵게 다가올 수 있는데, 이 경우 편집인쇄를 전문으로 대행하는 업체에 맡기면 된다. 1인 출판사이기 때문에 종이 발주에서 인쇄까지 감당할 여력이 없을 때가 많고 소량 주문은 단가가 높아지기에 오히려 편집인쇄 대행사를 통하는 것이 효율적일 때가 많다.

1인 출판사가 홍보력이 약하다고 무조건 경쟁력이 없는 것은 아니다. 이기주 작가의 《언어의 온도》는 인터넷에서 역주행하면서 170만 부가 팔렸고, 후속 작 《말의 품격》도 베스트셀러에 올랐다. 이 책들은 모두 이 작가가 자신의 색깔로 책을 만들기 위해 설립한 1인 출판사에서 펴낸 책이다. 백세희 작가의 《죽고 싶지만 떡볶이는 먹고 싶어》 역시 2018년 대형서점 집계에서 베스트셀러 1위를 몇 주간 기록하고 7개국에 판권을 파는 저력을 보였다. 1인 출판사가 기성의 대형 출판사와 동일하게 지닌 기회 중 하나가 소셜 네트워크를 활용한 마케팅 활용이다. 북튜버라고 유튜브에서 책 리뷰를 전문적으로 다루는 유튜버 크리에이터의 지원을 받거나, 블로그 등에서 입소문을 타면 절판된 책이 다시 출간되는 기적을 일으키기도 한다.

크라우드 펀딩

    펀딩은 사전에 구매자를 확보하고, 확보한 수량만큼 인쇄하는 방식이다. 펀딩 플랫폼에서 책의 목차와 내용, 필요경비를 소개하고 인쇄 가능한 최소 구매자(금액)을 공지해 목표액에 도달하면 인쇄한다. 이를 크라우드 펀딩crowd funding이라 한다. 일정기간 제품을 할인가에 제공하겠다고 밝히며 사전에 구매자를 모으는 소셜 커머스social commerce도 있다. 이들은 대중의 요구를 확인하고 출판한다. 펀딩을 통해 입소문을 타면서 책이 많이 팔리기도 하고 펀딩 수량에 그치고 더 성장하지 않는 책도 많다. 출판펀딩이 주로 특정 독자 계층을 상대로 이루어지기 때문이다.

2020년 하반기부터 서점가를 단숨에 집어삼키기 시작한 《달러구트 꿈 백화점》[6]이 대표적이다. 이 책은 원래 《잠들면 나타나는 비밀 상점, '주문하신 꿈은 매진입니다'》를 제목으로 '크라우드 펀딩' 했던 작품이다. 2019년 가을 〈텀블벅〉[7]에서 100명의 독자를 상대로 100만 원을 목표로 했지만 18,128,500원이 후원되어 목표액의 1,812%를 달성했고 1,000명의 후원자들에게 책이 전달되었다. 이후 〈리디북스〉에서 전자책 출판을 거쳐 종이책으로 내박을 터뜨렸다.

얼마 전 네팔 이주노동자들의 시를 엮어서 낸 《여기는 기계의 도시란다》는 최소 인쇄경비였던 300만 원을 목표로 삼았지만 1,400만 원이 모여 달성률 475%에 이르렀다. 한거레신문 토요 커버스토리에서 이 책이 소개된 후 보름도 되지 않아 목표를 달성했다. 펀딩에 성공하는 책은 공익적 성격이나 후원의 성격도 있고 동류집단의 지향을 모은 책도 있지만 목차만 적절히 꾸려 팔아치우는 책도 있다.

펀딩만을 활용해 책을 내는 출판사도 있다. 하쿠나마타타 출판사는 서양의 신과 설화, 한국의 신, 도술 등 신神을 전문으로 다룬다. 최근엔 제법 두꺼운 양장본의 22,000원을 책정한 《한국 판타지 대사전》도 목표액을 초과달성했다. 영화 〈신과 함께〉, 드라마 〈도깨비〉나 〈구미호뎐〉 모두 한국의 민담과 설화를 모티브로 했다. 대중의 관심이 급증하자 이 시장을 정확히 치고 들어와 펀딩에 연속

---

6) 이미예, 《달러구트 꿈 백화점》, 팩토리나인(2020).
7) tumblbug.com

성공했다. 출판 관련 크라우드 펀딩이 궁금하다면 포털사이트에서 '텀블벅', '와디즈', '오마이컴퍼니' 등을 검색해 펀딩 성공 서적을 확인하면 좋다.

POD; 1인 출판 플랫폼

10년 전만 하더라도 깔끔한 기업 홈페이지를 제작하려면 값비싼 외주용역을 계약해야만 했다. 상품이 새로 출시되거나 단종 될 때마다 홈페이지 제작사에 의뢰해 다시 웹 페이지를 제작했으니, 회사에 웹 디자이너가 없으면 울며 겨자 먹기로 '영원한 고객'이 될 수밖에 없었다. 하지만 지금은 하룻밤에 홈페이지를 만들 수 있는 제작 플랫폼이 있고 관리도 수월하다. 출판업계에 부는 바람 중 하나가 저자가 쉽게 책을 낼 수 있도록 만든 PODPublish On Demand출판 플랫폼이다. '주문제작'이라는 말 그대로 책을 먼저 찍어 파는 것이 아니라 주문을 받으면 인쇄해서 독자에게 배송한다.

대표적으로 부크크BOOKK와 교보문고 e퍼플e-Pubple인데, 원고만 있으면 표지와 내지 서식을 다운로드받아 책을 만들어 등록(업로드)할 수 있다. 주문하면 인쇄하기 때문에 배송이 일주일 넘게 걸리기도 한다. 투고원고 대부분을 출판사가 거절하는 상황에서 이런 선택은 어쩌면 좋은 기회가 될 수 있다. 재고도 없고 출판비용도 전혀 안 든다. 심지어 인세도 파격적이다. 부크크의 경우 종이책은 작가에게 35%를 주고 전자책은 70%를 지급한다. 교보문고 e퍼플의 경우 종이책은 20%, 전자책은 60%의 인세다. 다만 부크크는 배송료가 유료인데, 구매자가 SNS에 올려 후기를 작성하면 배송료를 환급해주는 방식으로 제한된 홍보력을 만회하고 있다. 물론 단점이 없는 것은 아니다. 플랫폼에서 제공하는 표지와 내지 디자인이 단조로워 저자가 직접 디자인하거나 디자인 서비스를 의뢰해야 한다. 물론 일반 출판사보다 디자인 비용이 저렴하지만 독창적인 디자인은 기대하기 힘들다.

이런 POD 방식의 독립출판 플랫폼이 가까운 미래에 기성 출판시장을 허물까? 아직까지는 그럴 것 같지 않다. 필자가 생각하는 가장 큰 약점은 작품의 질이다. 저자가 달아놓은 책 소개 글과 목차만 봐도 구매욕이 떨어지는 작품이 많다. 누구나 쉽게 책을 만들어 업로드 하다 보니 좋은 책을 변별하기 쉽지 않다. 대부분 알려지지 않은 작가에 수준도 천차만별이고 리뷰조차 없으니 '뽑기 운'을 기대하는 수밖에 없다. 주문한 책을 받았는데 두어 번 함량미달이라면 고객은 해당 플랫폼에서 책을 구매하는 걸 주저할 것이다. 더 큰 문제는 "돈 한 푼 안 들이고 출판해 월 100만 원 벌어들이는 법", "한 달 안에 책 내기"와 같은 자극적인 콘텐츠가 부크크를 홍보하고 있다는 점이다. "악화惡貨가 양화良貨를 구축한다."고 했다. 무료 마케팅이 부크크를 저품질 시장으로 고착할 수도 있다.

그럼에도 이런 독립출판물의 양은 더욱 늘어날 것이고, 관련 플랫폼 또한 더 많아질 것으로 보인다. 누구나 책을 쉽게 낼 수 있다는 것은 매력적이다. 자신의 책이 나오고, 포털사이트 책 검색에서 바로 뜨며 교보문고, 영풍문고, 예스24, 알라딘 등과 같은 대형서점에서도 판매된다는 것은 기존에 없던 혜택이기 때문이다. 시간이 더 지나 더 많은 작가의 원고가 집적集積되고 양질의 서적도 많다는 입소문을 탄다면 POD 출판물에서 베스트셀러가 나오지 말라는 법도 없다. 하지만 아직까지는 POD 출판은 자비출판의 대체제로 선택받고 있다.

출판공정 ;
한 권의 책이 나오기까지

완성된 원고를 어느 시점에 출판사에 전달해야 안정된 출판 일정을 보장할까? 책의 디자인은 언제 확인하면 되는 것일까? 원고의 내용 수정이 가능한 시점은 언제일까? 이런 질문은 출판사의 출판공정을 익혀두면 자연스럽게 해소된다. 좋은 호흡으로 출판사와 일을 할 수 있다.

완성도가 높은 원고를 기준으로 책이 서점에 나오기까지 최소 한 달 이상의 시간이 필요하다. 기획출판은 저자의 섭외부터 역산하면 최소 6개월 이상이 걸린다. 원고를 재구성하고 문장을 다듬는 편집 과정이 1개월, 교정 · 교열이 보름, 디자인 시안에 대한 결정 및 최종 보완작업에 일주일, 인쇄와 제본, 배송과정에 대략 일주일이 소요된다. 만약 원고의 상태가 좋지 않거나 책 속에 디자인해야 할 요소가 많다면 시간은 더 많이 필요할 것이다. 표지 디자인은 판형이 결정되는 순간 미리 작업할 때가 많고, 내지의 레이아웃 역시 사전에 만들어놓고 편집이 끝나면 작업에 들어간다.

편집은 원고를 추려 수정하고 윤문潤文하거나 저자에게 첨삭을 요구하는 방식으로 최종고를 만드는 작업을 말한다. 소설과 시나 희곡은 편집인이 손을 많이 대지 않지만, 그 외의 서적엔 편집인의 손이 많이 간다. 문장이나 단락을 덜어내거나 구성을 바꾸기도 한다. 문장에도 손을 댄다. 책 표지 다음 혹은 내지의 제일 뒷부분엔 '판권 페이지(도서정보)'가 있다. 초판 인쇄일과 펴낸 곳, 판권 등을 명기하는데 보통 저자와 역자의 이름이 들어가지만, 최근엔 편집인과 교정작가, 디자이너의 이름까지 담는 것이 일반적이다. 편집인의 손을 많이 탈 땐 편집인의 이름을 명기하는데, 편집인은 책의 기획과 저자의 섭외, 최종 디자인까지 책임지는 역할을 한다. 원고의 상태에 따라 원고를 재구성하거나 윤문하는 일도 한다. 편집인을 북에디터라고도 하는데 출판기획뿐 아니라 편집, 윤문, 교정까지 할 때도 많다.

'교열校閱'은 원고 내용의 잘못된 부분을 바로 잡는 것을 뜻한다. 지명과 이름, 인용과 각주는 물론 문맥의 모순도 바로잡는다. 또 표기의 일관성을 유지하기 위해 단어도 교열한다. 번역서의 경우 원문과 번역문을 교차 검토하는 작업은 교열로 넘어오기 전 번역자와 편집장이 함께 한다. '교정校正'은 옛날 활판 인쇄 시절엔 원고와 교정쇄를 검토해 인쇄 활판을 바로 잡는 일을 뜻했다. 지금은 인쇄소에 넘기기 전에 디자인 된 교정지의 맞춤법과 띄어쓰기 등을 바로 잡는 일을 뜻한다. 출력된 교정지에 빨간 펜으로 많은 교정을 하면 디자이너의 피로감이 높아지고 수정과정에서 더 큰 오탈자를 낼 수도 있기에, 대부분의 출판사에선 내지에 앉히기 전에 편집자가 전자문서(한컴오피스 등의 파일)로 교정한다. 디자인된 교정지를 출력해 한 번 교정하는 것을 1교라 하고 세 번 하면 3교다. 수식과 부호, 그래프나 도표, 원어가 많이 쓰인 번역서는 7교를 넘기기도 하지만 통상 3교 정도에서 끝낸다. 외주 교정 작가에게 일을 주는 방식이라면 인건비 역시 만만치 않기 때문이다.

북 디자이너는 초기 편집회의부터 참여해 콘셉트를 결정하고 판형, 표지, 지질, 띠지 등 후가공 여부 등을 검토하며 디자인 작업에 들어간다. 판형은 종이의 크기, 즉 인쇄지에 얹혀 재단하는 사이즈를 말한다. 눈치 챘겠지만, 출판 과정에서 바뀌면 안 되는 고정 값이 바로 판형과 지질로 인한 제작비용이다. 판형과 지질에 따라 제작비가 결정되고 판형 사이즈에 맞춰 디자인한다. 디자인이야 사이즈를 바꿔 다시 할 수 있지만 제작비용이 상승하는 건 성격이 다르다. 저자가 뒤늦게 표지를 하드커버로 바꾸며 내지를 수입지로 사용하고 띠지에 엠보싱에 금박까지 하고 싶다고 요구하면 당연히 제작비가 상승하고, 제작기간도 늘어난다. 무엇보다 책값을 올려야 하는데, 이는 책을 많이 팔아 적절한 수익을 얻어야 하는 출판사 입장에선 쉽지 않은 문제다.

디자이너가 파일을 인쇄소에 넘기면 인쇄소에선 출력지로 전환하고 제지사에서 받아놓은 종이를 넣어 인쇄한다. 개개의 전지(국전지, 46 전지)에 인쇄된 출력물은 제본소에 들어가 다시 잘리고 풀로 붙여져 책의 형상이 되어 간다. 후가공 업체에선 표지에 코팅작업을 하거나 엠보싱 등의 후처리를 한다. 완성된 책은 물류업체의 창고로 옮겨지고(입고), 물류업체는 출판사의 발주에 따라 대형서점이나 전국 서점으로 책을 배송한다(출고).

이렇게 완성된 책은 저자에게 10여 권이 가고 2부는 국립중앙도서관에 납본한다. 출판사는 보도자료 배포를 시작으로 대형서점 MD 미팅, 책을 홍보하기 위한 각종 마케팅 프로젝트를 가동한다. 출판사의 마케팅부서는 이날부터 붐업하기 위한 준비를 수개월 전부터 진행한다.

이를 초기과정부터 세분화하면 다음과 같다.

- 출판사
  - 출판기획 : 책의 콘셉트와 저자 섭외, 출간 시점, 마케팅 등의 전략기획
  - 출판계약 :
    - 저자와의 인세 계약 및 초판 발행 부수, 저작권과 저작인격권 등의 설정
    - 출판 일시와 책의 사양, 가격 등의 결정
  - 편집회의 : 책의 콘셉트와 판형, 디자인, 마케팅 포인트와 붐업 프로젝트 결정

- 저자와 출판사
  - 원고마감 : 저자가 편집인에게 최종 원고를 넘김
  - 원고감수 : 전문서적은 외부 전문가에게 책 내용 감수를 의뢰
  - 기초편집 : 편집자(또는 저자)가 재구성하고 단락을 덜어내거나 윤문, 교열
  - PC교정 :
    - 북 디자이너에게 넘기기 전 최종 교정·교열
    - 표지와 내지 시안의 결정, 양장이나 그림책은 사전에 가제본을 확인
  - 1교·2교·3교 : 저자와 편집인은 디자인된 표지와 내지를 출력(교정지)해 몇 차례 교정함
  - 최종 저자검토 : 저자와 편집인은 디자인 과정에서 유실된 단락이나 바뀐 사진, 잘못 얹힌 도표가 없는지 원점에서 검토, 판권 페이지와 발행일 체크
  - 디자이너 최종검토 : ISBN, 인쇄소에 넘기기 전 파일의 재단선, 데이터 링크, 오버 프린트, 아웃라인, 이미지 원형 등을 최종 점검

- 출판사와 제작사
  - 종이 배송 : 지업사(제지사)에 사전 발주한 종이를 인쇄소에 넘김
  - 출력 : 인쇄용 파일로 변환해서 인쇄소 출력실에 넘기고 다시 CTP 변환 파일을 확인
  - 인쇄 감리 : 인쇄물이 나오는 동안 컬러나 재단선, 별색의 인쇄 등을 확인
  - 제본 : 출력물을 자르고 책등에 책을 붙이거나 중철함
  - 후가공 : 표지 코팅 및 라미네이팅lamination, 에폭시 등의 작업
  - 보관 및 배송 : 완성된 책을 물류대행업체에 배송, 보관하고 이후 주문에 따라 교보문고, 서점 등에 입고

출판사와 일하기
① 기획과 편집

기획 · 편집

　작가는 완전원고를 넘기고, 출판사는 편집, 출판을 한다. 하지만 작가는 탈고하고 편집자는 편집하는 이런 기계적인 공정은 존재하지 않는다. 대부분의 편집은 작가와 편집자의 협업으로 이루어진다. 작가가 탈고하면 편집자, 또는 출판사 기획회의에선 책의 콘셉트와 목차, 내용의 첨삭을 요청해 원고를 수정할 것을 요청한다. 인문교양서와 에세이 등은 편집자가 손을 많이 댄다. 하지만 순문학 장르를 출판사 에디터가 직접 고치는 일은 거의 없다. 대목을 체크해서 의견을 전달할 뿐이다.

　편집을 적극적으로 하는 출판사가 있고 그렇지 않은 곳이 있다.

우선 원고에 적극적으로 개입하지 않는 출판사는 최소한의 교정·교열만 본다. 작가는 원고를 쓰고 출판사는 책을 쓰는 것이 기본이라고 생각하는 한국적 마인드다. 이게 왜 한국적 마인드냐면 미국과 유럽의 대형 출판사 편집장은 '슈퍼 갑'의 위치에 선 '빨간 펜' 선생님이다. 서구식 출판전통에 따라 편집장이 모든 것을 책임지니 모든 것을 바꿀 권한이 있다는 식이다. 원고에 손을 많이 대지 않는 출판사와의 작업은 편하고 깔끔하다. 서로의 영역이 분명하기에 책임 또한 분명하다. 하지만 보완할 수 있는 중요한 지점을 놓치기도 한다.

원고가 너무나 전문적이거나 완성도가 매우 높을 경우도 편집인이 원고에 손을 대지 않는다. 그리고 중량감 있는 원로작가의 원고도 교정·교열만 한다. 이게 좀 웃기는 이야기인데, 대부분의 편집자는 초보 작가의 원고는 쉽게 손을 대지만 이미 필력이 검증된 원로작가의 원고는 신줏단지 모시듯 한다. 출판사의 편집역량이 극도로 저하되었을 때도 이런 현상은 발생한다. 편집장이 퇴사해 어쩔 수 없이 대표가 편집장을 할 때도 있다. 1인 출판사의 꼼꼼함도 아니고 중견 출판사의 구력도 아닌데, 많은 종의 책을 1,000부씩 찍어내는 출판사도 원고에 손을 거의 대지 않는다. 원고가 완벽해서가 아니라 출판사의 편집역량이 없을 때 발생하는 문제다.

좋은 책이 나오려면 좋은 에디터와 일해야 한다. 좋은 에디터는 원고에서 늘어지는 대목을 지목하고, 느닷없는 구성 또한 손을 본다. 저자가 지나치게 감정적으로 집필한 대목과 정보량이 부족한 대목 또한 지적하며 수정을 요청한다. 에디터가 해당 분야의 전문가는 아니지만, 독자에게 어떻게 읽힐지는 정확히 보는 편이다. 물론 수정을 요구한 대목이 많으면 기분도 나쁘고 힘도 빠지지만, 결국 책이 출판되어 나왔을 때 자신의 초고와 비교해보면 고치길 잘했다고 생각한다.

교정 · 교열

작가가 출판사와 일하면서 받는 스트레스는 크게 두 가지다. 왜 내 책이 서점 평대에서 사라졌는지, 그리고 교정 · 교열 과정이다. 출판사 편집자가 교정까지 볼 때도 있지만, 대부분의 출판사에는 교정 담당자가 있다. 교정 담당자는 비문을 손보고, 잘못된 말과 맞춤법 등을 찾아내 고친다. 교정 작가 중엔 국문학과 출신도 있고 한국어 교원자격증을 가진 사람, 출판사에서 업력을 쌓은 사람이 있다. 국문법이 워낙 어렵고 표기법 규정도 매해 바뀌다 보니 교정 작가들이 상당히 애를 먹는다.

필자가 받았던 가장 당황스러운 교정에 대한 설명은 이랬다. 서두에 "나는 ○○을 위해 책을 썼다."라고 표기했는데, 교정 담당자는 "원고를 썼다."가 더 정확한 표현이라고 했다. 왜냐면 아직 책이 나오기 전이니까. 정답은 독자가 책을 받아드는 시점을 기준으로 말을 하는 것이 옳다. 그러니 책을 썼다가 더 적합한 표현일 것이다.

최근 한 포털사이트엔 '과잉교정인간'이라는 글이 올라왔다. 휴
대폰으로 주고받은 문자 메시지의 오타를 지적하는 남자친구, 제자
의 안부 문자를 교정봐서 다시 보낸 선생님 등. 이런 사람을 과잉교
정인간이라고 한단다. 한 언론사에선 이런 과잉교정이 우리말의 역
동성을 죽일 것이라고 했는데, 이것이야말로 독자들의 맞춤법 지적
에 스트레스를 받은 기자의 과잉반응일 가능성이 크다. 일상 대화
와 달리 출판물의 교정은 꼼꼼할수록 좋다. 한글을 배우기 쉽다고
하는데, 문법에 맞는 한글 쓰기는 상당히 어렵다. 특히 띄어쓰기 규
칙은 상당히 어렵다. 또 아예 불허하는 표기규정이 있고, 원칙은 아
니지만 허용하는 규정이 있으면 둘 다 맞는 표기로 보아야 하는 등
전문가도 사례집을 보고 판단해야 하는 경우가 많다.

문제는 교정이 지나쳐 글맛을 죽일 때다. 문장에는 호흡이 있고
때로는 주어가 생략되어도 읽기 좋은 대목이 있다. 그런데 이를 표
준화하면 글이 고루해지고, 심하면 저자 특유의 문체까지도 죽인다.

- 석탄 사용을 줄여야 한다. (원문)
- 석탄 사용을 점차 줄여나가야 한다. (교정문)

두 문장은 비슷해 보이지만 뉘앙스에 차이가 있다. 단문으로 촉
구하는 내용의 원고를 하단의 교정문으로 고치는 것이 좋을까? 흐
름상 원문이 더 명료하고 단호하게 보인다.

- "FGD에서 나온 콘셉트가 뭐가 가짜고 중요하지 않다는 건지 모르겠습니다."(원문)
- "표적집단심층면접(FGD)에서 도출된 콘셉트가 무엇이 가짜이고 무엇이 중요하지 않다는 것인지 잘 모르겠습니다."(교정문)

교정문은 국립국어원의 어법과 표기법에 따른 것이다. '컨셉'은 '콘셉트'로, 'FGD'는 '표적집단 심층면접'으로 바뀌었다. 당연히 문장은 순화되었다. 하지만 작가가 의도했던 그 입맛의 현장성과 대화의 흐름은 망가졌다. 기획을 다루는 현장에선 모두 '컨셉'이라 하지 '콘셉트'라 하지 않는다. 하지만 국립국어원의 바른 표기는 콘셉트다. 영국식 발음을 기준으로 한 사례다. 〈훈민정음해례본〉에선 한글이 개 소리, 닭소리, 학 울음소리, 바람 소리까지 다 표현할 수 있다고 했는데 현재의 외래어표기법이 그렇진 않다. 우리나라 사람은 아직도 여권에 '김씨'를 'KIM(킴)'이라 적고, '이씨'를 'LEE(리)'라고 적는다. GIM, YI가 더 정확한 발음을 위한 표기인데도 말이다.

세계적인 규범은 외국의 지명과 사람 이름의 경우 해당 민족의 원어 발음을 최대한 살릴 것을 권고하고 있다. 서양인이 '킴'이라 부른다고 '킴'으로 적는 건 사대주의로 보인다. 이와 비슷한 사례로 신중국을 건국한 마오쩌둥毛澤東을 모택동이라 쓰고, 이토 히로부미伊藤博文를 이등방문이라 읽는 것도 교정하는 것이 좋다.

온전한 우리말을 출판물에 남기려는 교정인들의 노력은 존중받아 마땅하다. 하지만 교정이 원고의 흐름과 내용의 역동성까지 망친다면, 이는 사전에 편집자와 협의하는 것이 좋다. 글을 더 매끄럽게 만드는 교정 담당이 있고, 손만 대면 고루한 교과서식 어법으로 바꿔버리는 교정담당도 있다. 필자는 원고를 넘기면서 "확실한 비문과 맞춤법, 띄어쓰기만 손봐주세요."라고 편집자에게 미리 요청하곤 한다.

출판사와 일하기
② 이미지와 디자인

저자들이 출판사를 바꾸는 이유는 대략 두 가지다. 마케팅 역량이 떨어지거나 책 디자인이 천편일률적이라는 것이었다.

"어떻게 그 출판사에서 나온 거의 모든 책의 표지가 다 비슷할 수 있죠? 그러니까 작품에 맞는 디자인이 나오는 게 아니라, 기존의 디자인에 작품을 끼어 맞추는 듯해요."

출판사의 표지 디자이너가 한 명이라서 그럴까? 그럴 수도 있지만 중견 출판사에도 이런 일은 많다. 출판사 대표나 편집장의 선호도가 특정 콘셉트에 쏠려있으면 아트디렉터들 역시 대표이사의 입맛에 맞는 시안을 제출할 수밖에 없다. 새롭고 독창적인 시안을 내봤자 잘릴 게 분명하니까.

북 디자이너들이 올린 시안 중 잘린 시안을 모아 채택된 표지와
비교할 수 있는 책이 있다. 《B컷》[8]이라는 책인데 "북 디자이너의
세 번째 서랍"이라는 부제를 달았다. 참고로 채택된 최종 시안을 A
컷, 잘린 시안을 B컷이라 한다. 지금은 웬만한 북디자인 사무실엔
한 권씩 비치되어 있을 것이다. 잘린 시안과 채택된 시안을 비교하
며 편집팀의 성향과 디자이너의 고통을 엿보는 게 재미있다. 채택
된 표지는 내부분 제목을 상화하고 쨍하면서도 대중의 평균 시선을
기준으로 한 것 같고 독창적이거나 경쟁사의 표지보다 쨍하지 않은
것들이 B컷으로 남은 듯 보인다. 물론 작업을 했던 담당자의 생각은
다를 수 있을 것이다. 출판사의 표지 디자인은 기본적으로 보수적
이다.

저자가 원고를 탈고하면 출판사에선 기획회의를 한다. 편집장과
편집자, 아트디렉터(미술팀), 제작팀장, 마케팅팀장 등이 참석한다.
보통 두 달 전부터 기획하기 때문에 기계적으로 계산하자면 디자인
할 수 있는 기간은 두어 달가량이다. 하지만 출판사가 책을 한 달에
한 종만 내지 않는다. 3일에 1종의 디자인을 쳐내야 하는 출판사도
많다. 디자이너가 책 한 종을 오랜 기간 작업할 수 있는 출판사는 드
물다.

독일에선 해마다 〈세계에서 가장 아름다운 책〉이라는 공모전을

8) 김태형, 김형균, 박진범, 송윤형, 엄혜리, 이경란, 정은경, 《B컷》, 출판사 달(2015).

열고 있다. 1963년부터 독일 북아트재단과 라이프치히 도서전이 공동으로 주최하고 있다. 유럽 출판사들의 참여 열기는 뜨겁지만 우리나라에선 아직 참가한 적이 없다. 공모작 중 600종의 책을 선정해 국제디자인 심사위원회로 보내면 14권을 선정해 발표한다. 디자인을 북 아트BOOK ART로 받아들이고 역량을 집중하는 곳은 아트디렉터(디자이너)에게 일주일 이상의 시간을 주기도 한다. 하지만 대부분의 출판사는 디자인에 크게 투자할 이유나 여력이 없다. 출판시장이 작기 때문인데, 이는 인구가 적어서 생기는 문제가 아니라 독서율이 낮고 콘텐츠 문맹률이 높기 때문이다. 한글을 알기에 글은 읽을 수 있어도 문자의 실질적 내용이라 할 수 있는 정의, 이해, 해석, 창작, 소통하는 능력은 떨어지기 때문이다.

편집자가 세부적인 요소까지 지시하며 틀을 제시하는 곳도 있고, 한 종의 책 시안을 위해 회사 내 모든 디자이너가 시안을 내서 결정하는 곳도 있다. 어쨌든 책 디자인에 이렇게 힘을 쏟는 출판사를 만났다면 행복한 저자다. 책의 표지와 내지 디자인은 출판사의 권리다. 여러 시안 중 저자가 꼭 마음에 들어 하는 것이 있어도 출판사에서 완강하게 반대하면 출판사의 뜻대로 나가기 마련이다. 표지는 가장 중요한 홍보수단이며, 판매와 마케팅은 출판사의 몫이니까, 책임지는 쪽이 권한도 갖는다. 예외가 있다면 그림책이나 이미 해외에서 대박을 친 서적의 경우다. 해외에서 판권을 사더라도 책 디자인과 관련해서는 협의해야 한다고 명시하는 경우도 많다.

북 아트 요소;

판형, 내지 재질, 내지 디자인, 표지 디자인, 표지 재질, 후가공

온라인 서점의 도서 거래량이 오프라인 서점을 처음 넘어선 해가 2016년이었다. 2019년을 기준으로 대형 출판사의 도서 공급 비율은 온라인 대형 서점 60%, 오프라인 서점 40%였는데 코로나 사태 이후 온라인 구매량이 70%에 육박했을 것이라는 이야기를 들은 적이 있다. 이런 추세라면 표지는 온라인에서 구매를 유도할 수 있는, 심플하고 강렬하게 나오면 되지 않을까? 그렇지 않다. 여전히 상당수의 소비자는 온라인에서 검색해 오프라인 서점에서 사거나 대형서점에서 책을 확인하고 집에 돌아와 온라인으로 주문한다. 그래서 북 아티스트들은 여전히 오프라인 서점을 기준으로 디자인을 고민한다. 사람의 눈으로 직접 보았을 때의 색감과 종이의 질감, 무게감과 손에 쥐었을 때의 그립감, 그리고 표지에 박힌 은박 후가공의 품질까지 말이다. 판형과 제책 방식, 디자인 모두 출판사가 결정한다. 하지만 저자의 요청이 새롭거나 해볼 만하다면 편집자는 저자 의견이 반영될 수 있도록 노력한다.

① 판형

판형은 책의 사이즈다. 어떤 책은 지하철에서도 한 손으로 들고 볼 수 있도록 나오고 어떤 책은 양손을 모두 사용해야 안정적으로 읽을 수 있다. 일부러 여백을 많이 살리기 위해 책을 세로 방향으로 길게 재단하기도 하고, 디자인적 요소가 많으면 가로 사이즈를 키우기도 한다. 판형과 표지용 종이는 제작비의 상당 부분을 차지하는

요소다. 판형에 대해선 뒤에서 상세히 설명하기로 한다.

② 지질

인쇄용지는 저마다 특색이 있다. 도공(표면 안료) 처리를 해서 하얗게 반짝이면서 사진의 색감을 잘 잡아주는 책이 있고, 자연스러운 미색에 정감 있는 재질도 있다. 내지와 표지의 종이를 무엇으로 쓰느냐에 따라 책의 결이 결정된다. 종이의 질감을 따질 땐 '평량'이라는 개념도 중요하다. 평량(g/m^2)은 $1m^2$ 종이 한 장의 무게를 의미한다. 일반적으로 책의 내지엔 $80g/m^2$, $90g/m^2$, $100g/m^2$, $120g/m^2$가 주로 사용된다. 표지는 $210g/m^2$, $230g/m^2$이 많지만 $350g/m^2$의 무거운 지질을 사용할 때도 있다.

평량이 높다고 종이가 두껍고, 평량이 낮은 종이라고 다 얇은 건 아니다. 하지만 대개 그렇다. 선명한 컬러사진 이미지가 중요한 책에선 더 두꺼운 지질을 사용한다. 얇은 종이일수록 투명도가 높아 이면의 인쇄가 비칠 수 있기 때문이다. 지질이 너무 얇으면 책은 가벼워지지만, 책장을 손가락으로 집어 넘기기 쉽지 않고 펄럭거리는 소리가 신경을 자극할 수도 있다.

내지로는 백상지, 스노우 화이트지, 아트지, 중절지를 주로 사용한다. 이 종이의 특성을 글로 표현하기란 대단히 어렵다. 출판사나 인쇄소에는 수십 개의 인쇄용지 견본을 모아놓은 것이 있다. 제지회사나 디지털 인쇄소 등에서 배포하는 것이라 특수용지, 수입지까지 다양하게 확인할 수 있다. 집에서도 지질을 명확하게 확인하고 싶다면 인쇄용지를 모두 모아놓은 〈용지 책〉을 구매하는 것이 좋다. 출판사에서 받는다면 좋겠지만, 이 샘플 북이 귀하기 때문에 어려울 수도 있다. 시중에 나와 있는 샘플 북으론 《종이에 원고를 담아 책으로 엮으면》[9]이란 책이 있다. 2019년에 소셜 펀딩 플랫폼인 '텀블벅'에서 펀딩이 종료되었는데, 2020년에 4종을 묶어 VER.2가 나왔다. 인터넷 교보에서 판매하고 있는데, 전집 가격이 88,000원이지만, 활용가치가 높다고 생각한 디자이너들은 좋은 책이라 생각하는 듯하다.

레이아웃 카피가 가장 많은 내지 디자인

출판사가 정성이 없다면 내지 디자인은 단 하루 만에도 나온다. 다른 책의 레이아웃에서 컬러와 브릿지만 조금 바꾸면 나머지는 텍스트를 얹히는 작업이다. 내지 디자인은 얼핏 매우 간단한 작업처럼 보인다. 제목과 챕터, 꼭지의 제목 타이포를 결정하고 본문 폰트를 결정한 후 원고를 따서 붙이는 작업이기 때문이다. 하지만 그래서 미묘하고도 어려운 작업이 내지 작업이다. 필자가 기억하는 인상적인 디자인이 있다. 소제목 꼭지마다 작은 먹으로 단풍과 아이의 발바닥 자국, 지문 같은 것들이 브릿지로 배합되어 있었는데, 제목과 어우러지니 좋았다. 책을 읽는 동안의 소소한 재미랄까. 출판

---

9) 최재웅. 《종이에 원고를 담아 책으로 엮으면 세트》. 티피에이코리아(2020).

사의 정성이 느껴지는 디자인이었다. 이를 일컬어 영상 기호의 스펙트럼 중 '혼합 시각기호'라고 한다.

타이틀 페이지, 그러니까 지금도 디자이너들은 '도비라とびら'라고 부르는 부분이 있다. 일본어로 '토비라(문짝)'이라는 뜻으로 책 표지 다음, 본문의 바로 앞 내지에 담는 디자인 지면을 뜻했다. 지금은 책의 중간 중간, 새로운 챕터를 시작할 때마다 사용한다. 이 타이틀 페이지는 한쪽 또는 양쪽 모두를 디자인적 요소로 채워 강조하는 지면이다. 서점에 가서 디자인에 신경을 전혀 쓰지 않은 책과 주요 출판사에서 나온 책을 비교해보자. 이 타이틀 페이지와 매 챕터가 시작되는 부분의 디자인을 보면 내지 디자인에 대한 감이 올 것이다. 이렇게 하면 좋다는 것보다는 저렇게 디자인은 안 했으면 좋겠다는 책들이 있다. 도서관에서 책을 보다 흥미로운 디자인이 있으면 사진으로 찍어두고 디자이너에게 제안할 수 있다.

그런데 미술팀이 있거나 실력 있는 디자인 에이전시(스튜디오)에 외주를 줄 정도로 디자인에 신경을 쓰는 회사라면 사실 저자가 할 일이 거의 없다. 관여가 간섭이 되고 디자이너의 역량을 떨어뜨릴 수도 있다. 북 아트만을 전업으로 하는 검증된 디자이너는 주로 대형 출판사의 미술팀에서 일하거나, 디자인 에이전시에서 일을 한다. 그 외 중소형 출판사나 프리랜서 디자이너의 실력은 천차만별이고, 또 출판사 시스템에 의해 역량을 발휘하지 못하는 디자이너도 많다. 이런 출판사에선 대체로 저자의 의견을 존중하고, 또 저자가 특별히 원하는 콘셉트가 있으면 적극적으로 반영한다.

저자는 표지와 내지 디자인에 어느 정도 개입할 수 있나

"내지는 올컬러(4도 인쇄)에 표지는 번들거리지 않으면서도 고급스러운 질감을 그러니까 스타드림 120g/㎡이 좋겠습니다. 사진은 제가 골라봤는데 마누엘 피타의 작품을 구매해서 써주세요. 그리고 제본은 라운드 양장에 금박, 띠지와 케이스까지 만들어 주세요."

만약 저자가 출판사에 출간의 선결조건을 처음 보자마자 이렇게 요청한다면 편집장은 출간포기를 심각하게 고민할 것이다. 제작비용을 저자가 감당할 것도 아니고, 판매를 온전히 책임지지도 않을 테니까. 디자인은 분명 출판사의 몫이다. 그렇다면 저자는 마음에 들지 않는 디자인 시안을 무조건 받아들여야 하는 걸까. 그렇진 않다. 아트디렉터에게 요구할 수 있다. 시안이 나온 후에 문제점을 지적하고 다른 방향으로 해달라는 것보다 디자인 작업에 들어가기 전에 의견을 전달하는 것이 좋다.

책 디자이너가 저자의 원고를 모두 읽은 후 책 디자인에 대한 모티브를 잡는다면 이상적일 것이다. 출판물의 표지와 내지에 신경을 많이 쓰는 기풍 있는 회사에선 이런 문화가 당연한 것으로 정착되어 있다. 하지만 디자이너가 책 읽을 시간조차 없는 회사도 많다. 이 경우 디자이너는 편집자가 내용을 간추린 발주서를 보고 작업한다.

필자 개인적으로는 책을 읽지 않고 디자인 작업을 한다는 것이 못마땅하다. 몹시 어려운 책이 아니라면 책을 읽어야 새로운 단서와 영감을 얻지 않을까. 1차원적인 디자인은 주로 이렇게 나온다. 소설 제목에 '사과'라는 단어가 들어 있으면 베어 문 사과, 꿀이 넘치는 사과, 사과 껍질로 만든 사과 형상 등 사과에서 벗어나지 못한다. '섬'이라는 단어가 제목에 들어 있으면 공중에서 부감으로 찍은 섬 사진, 안개 자욱한 지평선에 솟은 섬 이미지, 뭐 이런 식이다.

강렬하면서도 고급스럽고 중후하지만
다크하지 않은 느낌 같은 느낌으로?

디자이너에게 좋은 영감을 주고 싶다면 추상적이고 주관적인 언어를 배제하는 것이 좋다. 가장 좋은 방법은 자신이 원하는 것과 유사한 책의 표지 사진을 보내주며 설명하는 것이다. 앞에서 언급한 책《B컷》의 사례를 보며 자신의 맘에 드는 스타일을 지목해 설명할 수도 있을 것이다. 그러면 디자이너는 감을 잡는다. 표지에 일본풍 일러스트를 사용할 것인지, 사진이나 그림을 이용할 것인지, 문양 등을 이용할 것인지에 대해서도 의견을 피력할 수 있다. 사실 표지의 메인을 무엇으로 할 것인지가 디자인의 절반을 차지한다 해도 과언이 아니다. 출판사가 이를 받아들인다면 더 이상의 세부적인 요구는 하지 말아야 한다. 그때부터는 간섭이 되고, '동네김치'처럼 특색 없는 디자인이 나온다.

출판사 디자이너 뒤에서 병풍 치지 마라

저자 중에는 수정을 거듭 요구해 질 좋은 디자인을 만들 시간을 주지 않는 이들도 있다. 내지 디자인도 시간을 들여 손을 타면 더 좋아질 수 있는데, 출판을 앞두고 자구를 계속 수정하면 디자이너는 당연히 디자인에 집중하지 못하게 된다. 상당수의 저자가 본의 아니게 디자이너를 혹사시키고, 영감 없는 디자인 시안을 받는다. 그런데 그 형편없는 디자인이 재수정을 여러 번 반복한 혹사의 결과라는 건 잘 모른다.

북 디자인을 15년 했던 한 디자이너는 자신이 출판사에서 일할 때 디자인실엔 늘 분노와 한숨의 파도 소리만 있었다고 했다. 저자의 요청을 정확히 이해하지 못한 편집자는 엉뚱한 시안을 디자이너에게 요청하고, 이를 받아든 저자는 수정을 거듭 요청한다. 시안을 여러 번 고쳐도 마음에 들지 않자 저자는 직접 출판사에 찾아가 디자이너 옆에 앉아 작업을 지시한다.

"제목은 이렇게 키우고 이쪽은 여백으로, 이미지에 붉은 톤은 더 주시고요"

이 정도 되면 그 출판사의 디자인은 망한 것이나 다름없다. 물론 체계가 잡혀있는 중대형 출판사에서 이런 일은 없다. 저자가 직접 출판사에 와서 디자이너 뒤에 편집장과 함께 서서 지시하는 것을 보는데, 디자인실에선 이걸 병풍 친다고 표현했고 극도로 싫어했다.

이렇게 되면 디자이너는 디자인의 영역이 아닌 시멘트로 땜질하는 역할을 하게 되고, 이상한 디자인은 이렇게 탄생한다. 디자인실장의 권한을 없애면 책임도 사라진다.

출판사와 일하기
③ 원고 파일과 이미지 파일 보내기

원고 파일과 이미지 파일을 보내는 법

출판사에 원고를 보낼 때 '한글 프로그램(한컴오피스)'나 'MS 워드'로 보낸다. 다만 파일을 보낼 때 잡다한 메모나 소제목 편집키 등을 설정해 보내면 편집자도 짜증나고 디자이너는 혼란스럽다.

원고 내에서 텍스트를 별도로 편집할 필요는 없다. 명조계열 10포인트 크기로 가독성 좋게 작성하면 된다. 장과 절, 꼭지, 서브타이틀 등이 많아 구분해야 한다면 폰트를 일관되게 사용해야 혼동되지 않는다. 원고는 장과 절로 나누고 그 안에 굵은 서브타이틀 정도를 달아주면 된다.

타이틀에서 서브타이틀까지 가. (가). 가), ㉮를 계속 붙여나가며 논문 형태의 구성을 하는 경우가 있는데, 논문이나 법조 설명서가 아니라면 피해야 한다. 이런 경우 편집자는 가독성을 위해 항목 번호를 모두 제거하고 재구성해야 한다. 일을 두 번 하는 것이다.

엔터키 함부로 치지 마라. 더러 한글프로그램에서 구형 타자기의 버릇을 발견할 때가 있다. 구형 타지기는 종이의 오른쪽 끝 선까지 타이핑하면 키를 눌러 다시 활자 포인트를 옮기는데 한글프로그램에서도 이런 버릇을 사용하는 저자가 있다. 이러면 모든 줄마다 잘못된 띄어쓰기가 발생하고 이걸 모두 수정하는 건 고역이다. 엔터키를 치지 않았음에도 실수로 띄어쓰기를 하게 되는 경우가 있는데, 줄 바꿈 하는 지점의 띄어쓰기는 눈에 잘 띄지 않는다. 필자가 하는 방법은 폰트 10pt를 11pt나 9pt로 바꿔서 한 번 확인하는 것이다. 어김없이 엉뚱한 띄어쓰기를 한 곳이 발견된다.

DPI와 이미지의 크기 확인

사진 등의 이미지를 보낼 땐 해상도를 확인해야 한다. 어떤 저자는 카카오톡에서 받은 이미지와 자신의 스마트폰에 저장된 사진을 그대로 보내줄 때가 있다. 대부분 96dpi를 넘지 않는다. 스마트폰이나 PC에선 문제없지만 인쇄물에 들어가는 이미지는 흑백의 경우 150dpi, 컬러라면 250dpi를 넘어야 한다. DPIDots Per Inch는 1인치당 얼마나 많은 인쇄요소점, dot가 찍혀 있는가에 대한 수치다.

출판사에 보내야 할 이미지의 해상도를 확인하는 방법이 있다. 윈도우 계열의 프로그램을 사용한다면 이미지를 PC로 옮겨놓고, 화면에서 이미지에 커서를 대고 마우스 오른쪽 키를 누르면 '파일속성' 항목이 보인다. '파일속성'을 클릭하면 '자세히'라는 항목이 나온다. 이를 누르면 이미지의 수평 해상도, 수직 해상도가 dpi 단위로 표시되고 사진 크기 역시 가로 세로의 픽셀 단위로 표시되어 있다. 픽셀은 PC나 모니터 화면을 밝힐 수 있는 화소의 밀집도를 표현한다. 만약 이미지가 가로 4,300픽셀, 세로 3,400픽셀이라면 인쇄해도 손색없이 나올 수 있다. 긴 축이 최소 2,000픽셀 이상은 되어야 한다.

DPI가 낮거나 픽셀이 적다면 화면에선 그럴듯하게 늘어나는 것처럼 보여도, 실제 인쇄물에선 명함이나 증명사진 사이즈로만 구현할 수밖에 없다. 만약 불안하다면 미리 이미지 몇 개를 출판사에 보내 확인하는 것도 지혜다.

디지털카메라가 없다면 휴대폰 설정을 바꿔야 한다

디지털카메라 사용법에 밝다면 원본 이미지의 저장 방법을 잘 알 것이다. 책에 실을 사진을 평소 찍어두는 저자들도 많다. 다만, 스마트폰 설정에 밝지 않아 애써 모은 사진을 한 장도 사용하지 못하는 경우도 있다. 일상 스냅용이 아니라 출판물에도 사용할 정도라면 스마트폰 카메라의 저장 화질을 최고로 맞추고 이미지를 가장 크게 설정하자. 주의할 것은 이를 온전히 원본으로 보관해야 한다는 점이다. 더러 갤러리의 사진을 모두 카카오톡(혹은 텔레그램 메신저 등)으로 보내 놓고 이를 PC에서 저장하거나, 친구에게 카카오톡 등으로 사진 이미지를 받는 경우가 있다. 대부분의 카카오톡 초기 설정은 이미지를 최대한 줄여서 보내게 되어 있어 내려 받은 사진은 사용할 수 없을 정도로 작아진다. 설정에서 '원본으로 보내기'를 해야 원본 파일 그대로 받을 수 있다. 포토그래퍼 경험이 있는 경우가 아니라면, 이미지 일부가 마음에 안 들어도 미리 보정하지 말고 원본 그대로 보내야 한다. 그리고 보정을 요청하면 된다. 원본을 고칠 수 있지만, 잘못 고쳐진 보정을 다시 고치긴 어렵다.

원고에 사진 끼워 넣지 말고 이미지에 일관성을 부여하라

편집자의 이해를 돕는다고 사진을 원고에 끼워 넣으면 파일은 무거워지고 편집자가 다시 이 사진들을 저장하고 제거해야 한다. 사진을 따로 모아 보내지 않고 한글파일에 모두 끼워서 보냈으니 이걸 사용하라고 하는 저자가 있는데, 이렇게 하면 저자도 고생이고 편집자도 정말 큰 고생을 한다. 사진은 반드시 따로 폴더에 저장해서 전달하되 사진 분량이 많다면 폴더 안에 다시 폴더를 만든다. [1장 사진모음], [2장 사진모음] 이런 식이다.

사진 파일에 이름을 부여하는 것이 좋다. 이미지를 클릭하고 F2 기능키를 누른 후 이름을 쓰면 된다. 사진에 만약 '홍시'라는 이름을 부여했으면 원고에는 [사진_홍시] 내지는 [IMG_홍시] 이런 식으로 표시를 해두면 편집자가 작업하는데 용이하다. 책에 들어가야 할 이미지가 대단히 많다면 파일 이름에 순번을 부여하는 것도 방법이다. [IMG_1.근정전], [IMG_2.대웅전]. 이렇게 보내면 수십 장의 사진도 정렬된 순번대로 확인할 수 있으니 혼란스럽지 않게 된다.

저작권 문제는 사전에 협의하라

실제로 있었던 일이다. SNS에서 제법 알려진 작가가 동료에게 책의 삽화 몇 편을 그려달라고 요청했다. 평소 가까운 사이였기에 일러스트 작가는 수고비도 받지 않고 책의 특정 지면에 어울리는 삽화를 여러 개 그려줬다. 그런데 출판된 책을 받아든 일러스트 작가는 경악했다. 왜냐하면 자신의 그림이 표지는 물론 책 중간 중간의 타이틀 페이지에 사용되었고, 심지어 삽화 일부는 지워지고 다른 그림이 더해졌다. 일러스트 작가는 즉각 해당 저자와 출판사를 상대로 소송해 승소했다.

저자가 직접 이미지를 구해 출판사에 전달할 경우 이런 문제가 종종 생긴다. 출판사는 저자의 이야기를 믿고 이미지를 사용했는데 손배 소송이 들어오면 큰 타격을 입는다. 출판사가 패소해 합의금과 배상금을 물어주면 이후 출판사는 작가에게 구상권求償權을 청구한다. 이미지뿐 아니라 시인의 시 한 편, 또는 유명 판화가의 한 구절을 무단으로 복제하는 것도 모두 소송감이다. 저작권 승인을 얻는 데에는 생각보다 시간이 오래 걸린다. 그래서 원고 작업 틈틈이 저작권이 문제 될 수 있는 콘텐츠에 대한 협의를 진행해야 한다. 절친한 관계가 아니라면 출판사가 협의하는 것이 좋고, 친한 관계라도 출판사에서 계약서류를 받는 것이 좋다.

인쇄용지의 구분;
판형의 경제학

출판사에서 책을 만드는 데 드는 비용 중 대략 절반가량이 종이 비용이다. 그래서 출판사에선 어떻게 해서든 종이비용을 절감하려 한다. 무림페이퍼, 무림P&P, 한솔제지, 한국제지, 홍원제지 등이 펄프를 가공해 종이를 만드는 회사들인데, 큰 물량의 인쇄를 돌려야 하는 출판사에선 제지 회사들과 직접 협상을 해 물건을 인쇄소에 대고, 작은 출판들은 지업사에서 물건을 댄다. 많은 물량을 자주 인쇄하면 당연히 종이도 싸게 들여오고 인쇄비도 더 저렴해진다. 충무로 인쇄골목과 파주의 윤전인쇄공장에서 출판사를 우대할 땐 이유가 딱 두 가지다. 오랜 기간 거래했고 정산을 미룬 적이 없는 업체인가. 철마다 큰 물량을 어김없이 몰고 오는 큰 손인가. 교과서 제작업체와 정당의 선거홍보물 업체가 시즌에 한 번만 오는 '큰 손'이라면 중대형 출판사는 일상적인 고객이다.

한 달에 15종가량의 책을 내야한다면 경비 절감을 위해 물량을 몰아서 인쇄하는 것이 좋다. 한 출판사에서 같은 달 나온 책들의 출판날짜를 보면 책 4~5종의 인쇄일이 같을 때가 있다. 몰아서 인쇄하기 때문이다. 당연히 종이비용과 인쇄비용을 절감할 수 있다. 출판사에서 인쇄를 고집하는 특정 날짜가 있다면 대부분 이런 이유일 것이다. 비싸지 않은 인쇄용지에 경제성 있는 판형을 선택해 후가공을 최대한 줄이면 제작비용을 설감할 수 있다. 두 책의 질감과 형태를 결정하는 중요한 요소이니, 저자가 이에 대한 식견을 가지고 있으면 출판사에 더 적극적으로 의견을 제시할 수 있을 것이다.

판형에 따라 제작비용은 큰 차이가 난다

출판사에서 "책은 신국판에서 세로를 조금 키운 사이즈, 내지는 미색 백상지로 고민하고 있습니다."라고 말했을 때 이해할 수 있다면 좋다. 그렇지 않다면 출판사에 가서 책의 크기와 지질에 대한 설명을 들으며 만져봐야 알 수 있다. 우선 집의 책장에 꽂혀있는 책 중 몇 권을 뽑아 가로세로 길이(판형)를 자로 재보길 권한다. 아동용 도서나 사진 책이 아니라면 대부분 비슷할 것이다. 책 사이즈(판형)는 대부분 아래의 도표에 있는 사이즈와 비슷할 것이다. 책에 들어가는 종이의 사이즈가 비슷비슷한 이유는 바로 경제성(단가) 때문이다.

판형		크기(mm)	용지계열	절수	면수
A계열 (국전지)	국배판	210 × 297	A4	국8절	16
	국판	148 × 210	A5	국16절	32
	국반판	105 × 148	A6	국32절	64
B계열 (46 전지)	타블로이드	257 × 364	B4	46 8절	16
	사륙배판	182 × 257	B5	46 16절	32
	사륙판	128 × 182	B6	46 32절	64
규격 외	신국판	152 × 225	국판 유사	16절	32
	크라운판	176 × 248	사륙배판 유사	18절	36
	30절판	125 × 205		30절	60
	36판	103 × 182		40절	80

종이접기 할 때 가장 많이 접을 수 있는 방법은 종이 끝 선에 맞춰서 계속 접어 나가는 것이다. 인쇄비용 역시 이런 방식으로 절약한다. 생산되는 종이에도 규격이 정해져 있는데, 종이의 크기는 인쇄기가 최대한 인쇄할 수 있는 크기 이내로 나온다. 아직도 세계 철로의 60%는 너비가 1.435m다. 처음 열차 레일을 설계한 영국회사가 당시 시내를 주행하고 있었던 전차 레일을 기준으로 했고, 이 전차 레일은 로마 전차를 모델로 했는데, 로마 전차는 말 2마리가 서로 부딪히지 않고 질주할 수 있는 너비였다. 즉 말 엉덩이 2개의 폭이다. 표준은 주로 이렇게 만들어지고, 표준이 되면 바꾸기 어렵다. 종이규격 또한 국전지, 46 전지 등이 한국산업표준KS; Korean Standard 으로 정해져 있다.

종이회사에서 인쇄공장에 종이를 보낼 때 두루마리 화장지처럼 생긴 롤을 보내거나 낱장을 쌓아 올린 매엽지를 보낸다. 롤 방식은 윤전기를 돌릴 만큼의 많은 물량을 인쇄할 때 사용하고, 매엽지는 일반적인 인쇄기로 사용한다. 매엽 전지 500장을 1연Rim이라 한다. 주문서나 견적서엔 '1R'로 표시한다. 생선 한 두릅(두름)은 생선 10마리를 두 줄기로 묶은 20마리고, 김 한 톳이 김 100장인 것처럼 종이도 '연'을 기준으로 한다. 종이의 기본단위가 연이라면 판매에 적합한 포장 단위가 바로 '속'이다. 종이가 무거우면 1연도 상품으로 유통하긴 버겁다. 그래서 무거운 종이(가령 250g/㎡)는 1연을 5속으로 나누고, 가벼운 종이(가령 80g/㎡)는 1연을 2속으로 나눈다. 1연을 5속으로 나누면 1속이 전지 100장이다. 2속으로 나누면 전지 250장이다.[10] 46 전지의 경우 연 단위도 있지만 250장을 1속(S)으로 발주하기도 한다.

왜 A4지, 국배판이라 부를까

가장 많이 쓰는 인쇄용 종이 종류가 국전지(636mm×939mm)와 4×6 전지(788mm×1,091mm, 이하 '46 전지')다. 긴 면의 길이를 보면 알겠지만 웬만한 포스터보다 훨씬 크다. 이걸 몇 번 잘라서 사용할 수 있는가에 따라 단가를 줄일 수 있다. 국전지를 'A열'이라 하고 46 전지를 'B열'이라 한다. 국전지를 원판 그대로 사용하면 A0,

10) '속'에 대한 규정은 인쇄소나 제지회사마다 달라 단언하기 어렵다. 하지만 연(RIM) 단위는 전지 500장으로 한국산업규격(KS)으로 규정되어 있다.

2등분 하면 A1, 4등분 하면 A3, 8등분 하면 A4가 된다. 더 쉽게 표현하자면 한 번 자르면 A1, 두 번 자르면 A2, 세 번 자르면 A3, 4번 자르면 8등분이 되니 A4다. 우리말로 국2절, 국4절, 국8절인데 국8절 사이즈가 A4다. 이를 '판형'이라 한다. B형 계열의 종이 역시 같은 원리로 B4, B5 이런 식으로 구분한다. 우리말로는 46 2절(사육이절), 46 4절, 46 8절이라 부른다. 물론 국전지 8등분(234mm×318mm)과 A4지(국배판, 210mm×297mm)의 크기는 동일하지 않다. 인쇄용지를 자를 여유 공간이 있어야 하기 때문에 전지는 인쇄재단선보다 더 여유 있게 만든다. 그래서 전지 8등분이 실제로는 A4지보다 크다.

같은 4절이라도 국전지 4절(318mm×469mm)과 46 전지 4절(394mm×545mm)은 크기가 다르다. 46 전지가 더 크다. 그래서 출판사와 인쇄 현장에선 "16절지", "A6용지"라고 하지 않는다. 국전지를 기준으로 한 것인지, 46 전지를 기준으로 한 것인지 명확하지 않기 때문이다. 그리고 "4절지로 인쇄하겠습니다."라고 말하면 보통 46 4절로 알아듣지만, 이게 국전인지 46 전지인지 확실치 않다. 그래서 46 전지는 앞에 '46'을 붙여 46 8절 이렇게 부르고 국전지는 국4절, 국8절 이런 식으로 부른다.

국전지의 경우 국판(A5, 148mm×210mm)을 기준으로, 2배 크면 국배판(A4), 다시 2배면 국배배판(A3)이라 한다. 국판의 절반 크기면 국반판(A6)이라 부른다. 신국판(148mm×225mm)은 국판보다 조금 크다. 46 전지의 경우 46판(B6, 128mm×182mm)을 기준으로 2배 크면 46배판(B5)이라 부른다. 국전지는 '국판'을 기준으로, 46 전지는 '46판'을 기준으로 용어가 정착되었다.

국전지를 우리가 흔히 보는 책을 찍을 때 주로 사용한다면, 46 전지는 신문, 주간지, 문제집과 같이 큰 판형을 인쇄할 때 사용한다. 46 전지를 2등분하면 신문지 한 장을 다 펼쳤을 때 사이즈가 나온다. 출판사에선 이렇게 종이를 등분했을 때 여백 없이 많이 찍을 수 있는 판형을 선호한다. 국배판, 문고판, 신국판, 크라운판 등이 대표적이다. 만약 책 판형이 국16절이면 국전지 1장을 16등분 한 것이니 16장이 나온다. 책은 양면 인쇄하니까 32면을 찍을 수 있는 수량이다. 국전지 1연이면 500장×32면=16,000쪽(8,000매)을 인쇄할 수 있다. 내지 250쪽 책이라면 64권의 내지를 만들 수 있는 분량이다. 만약 여기서 사이즈가 애매하게 커질 경우 인쇄하지 못하는 여백이 커져 종이가 낭비된다. 물론 1연에 정확히 64권을 찍어낼 수 있는 건 아니다. 인쇄용지에 정확한 색깔이 구현될 때까지 찍혀나가는 파지_{破紙}도 계산해야 한다. 그래서 발주할 땐 여분의 종이도 발주한다.

'국전지'와 '46 전지' 모두 일제강점기 때 고착된 용어들이다. 국전지는 당시 A형 전지의 포장에 국화문양이 있어 국전지라 불렀고, 46 전지는 용지 크기가 당시 규격으로 '4치2푼×6치2푼'이었기에 '4치×6치'를 뜻하는 46 전지라 불렀다는 충무로 골목의 이야기가 있다. 종이 단위를 뜻하는 '연_{連, れん}'은 영어 'RIM'의 발음만 빌려 표기한 것이다. 중국어 '连'의 발음이 '리엔', 일본어 'れん'의 발음이 '렌'이다. 충무로에서 사용하는 인쇄 용어 대부분이 일본어인데, 이역시 일제강점기의 습관이 내려온 것 아닐까 추정할 뿐이다.

출판사를 운영하거나 직접 발주해서 책을 찍고자 한다면 인쇄공정 전반에 대해 자료를 충분히 찾아보고 공부해야 한다. 뒤에서 다시 다루겠지만, 종이와 인쇄, 판, 후가공 등에 대한 실무경험이 없어 1인 출판사를 창업한 후에도 인쇄를 다른 전문 업체에 맡기는 사람들도 있다. 간단하지 않다는 이야기다. 기본은 익히고 세부사항은 현장에서 물어가며 익혀야 한다.

4×6 전지		국전지	
구분	크기(mm)	구분	크기(mm)
전지	788 × 1,091	전지	636 × 939
2절	545 × 788	2절	469 × 636
4절	394 × 545	4절	318 × 469
8절	272 × 394	8절	234 × 318
16절	197 × 272	16질	159 × 234
32절	136 × 197	32절	117 × 159
64절	98 × 136	64절	79 × 117

■ 국전 규격

2절 636×469

8절 318×234

4절 469×318

32절 159×117

16절 234×159

■ 4×6 전지규격

2절 288×545

8절 394×272

4절 545×394

32절 197×136

16절 272×197

chapter 4

출판하는 사람들

"당시 1만 원 책도 흔하지 않았던 때라 적정가로 매긴 1만 2,000원을 두고 회사에서 의견이 분분했어요. 특히나 마케팅 부서에서 난리들을 치더라고요. 밥 벌어먹기도 힘든 세상에 누가 이런 책을 1만 2,000원이나 주고 사느냐, 이게 팔릴 것 같으냐. 나는 그러면 어차피 죽을 건데 그럼 왜 사느냐, 알아보는 사람들은 살 것이다, 하고 고집을 부렸죠. 나는 또라이였으니까요. 회사 내에서 성질 더러운 년으로 통했으니까요."*

— 편집인 김민정.
《출판하는 마음》중에서.

* 온유. 《출판하는 마음》. 제철소(2018). 34쪽.

출판 이후의 마케팅
① 그들은 왜 광고를 포기하나

"제 책은 왜 평대에서 사라졌나요?"

책 나온 지 일주일, 저자들이 출판사에 전화해 묻는 단골 질문이다. 필자도 첫 책이 나왔을 때 제일 먼저 광화문의 교보문고와 영풍문고에 갔다. 신간평대에 곱게 놓여있는 내 책을 집어 들었을 때의 그 떨림은 잠자리까지 따라와 온몸을 쿵, 쿵, 울렸다. 그런데 이런 기쁨은 오래가지 않는다. 일주일이 지나면 책은 신간평대에서 사라져 유사도서들이 즐비한 평대로 옮겨진다. 판매가 여의치 않으면 재고 1~2권만 남아 해당 서가로 옮겨지고, 나머지는 반품되기 일쑤다. 이후 서가에도 책이 없는 경우가 있는데, 출판사 영업팀에서는 서점에 해당 도서의 주문을 요청하고 해당 서가에 꽂아달라고 요청한다. 하지만 판매부진으로 인한 반품도서는 서가 비치용으로도 주문을 안 받아주기도 한다. 대형서점에 놓인 책의 일반적 흐름은 이렇다. 많은 저자가 신간이 나오면 으레 대형서점의 평대에 오르는 줄 알고 있다. 또한, 평대에서 책이 사라지면 출판사의 힘이 약하거나 영업에 빈틈이 생겨 그런 줄 안다. 아니다. 신간이라도 평대에 오르지 못하는 책은 수두룩하다.

'매내'란 책을 계열별로 분류해 전시하는 공간을 말한다. '평대'는 표지가 잘 보이도록 눕혀서 보기 좋게 진열해 놓은 곳이며, '서가'는 책등만 보이도록 비치한 책꽂이형의 책장을 일컫는다. 대형서점은 서점 내 동선을 고려해 평대와 서가를 구성한다. 그 중에 사람들의 눈에 잘 띄는 곳에 이벤트성 평대를 구성하기도 하기도 하는데, 일정 금액을 받아 진열하기도 한다. 예를 들어 인문학 코너로 가면 신간을 진열해놓은 평대와 각 세부 분야 평대, 베스트를 모아놓은 평대를 제외하면, 중간 중간 이벤트별로 묶어놓거나 새로 출간된 책 2권 이상을 펼쳐서 평대에 진열된 책을 확인할 수 있다. 이 책들은 광고영역의 서적일 확률이 매우 높다. 대형 서점에 가보면 광고영역의 책들이 생각보다 많은 것을 알게 될 것이다. 물론 대형서점이라고 다 그렇지는 않다. 매월 이슈를 만들어 진열을 교체하며 판매를 극대화하려는 노력이 분명히 있다.

최근에는 서점에서도 테이블과 의자 등 고객을 위한 편의시설을 갖춘 곳이 늘어나면서 정작 서점 내에 책을 진열해야 할 평대와 서가가 부족한 상황을 직면한다. 통계에 따르면 서점의 경우 매출의

38%가 베스트 100위 안에 든 서적 판매량이다. 매대에 깔리게 될 책은 이미 정해져 있다는 말이기도 하다.[1] 따라서 어느 정도 판매가 나오지 않는 책은 신간평대에서 사라지면 바로 서가로 직행한다. 출판사 입장에서 보면 신간을 좀 더 알리고 싶은데 알릴 공간이 부족해 평대를 월별로 확보해서 진열을 하는 경우가 많다. 하지만 작은 출판사는 이마저도 부담이다.

대형서점에서 책 정보를 빠르게 간파해 분류하고 영업 전략을 수립하는 사람을 MDManaging Director라 한다. 이들은 판매가 잘되는 책은 더욱 판매가 잘되도록 하고, 좋은 책인데 묻힌 책은 시의성을 판단해 발굴해서 다시 잘 팔리게 만드는 역할을 한다. MD는 온라인 서점과 오프라인 서점 분야로 나눠지고, 책 분류에 따라 담당도 정해진다. 이 MD들이 출판사에겐 '슈퍼 갑'인 셈이다. 출판사는 많고 대형서점은 거의 독과점 수준이다 보니 소수의 MD가 시간을 쪼개서 출판사 대표나 마케팅 담당자들과 만나서 책과 작가에 대한 설명을 듣고 입고량을 조율한다. 온라인서점은 별도의 미팅룸에 대기하면서 이들과 만나 협의를 한다. 오프라인 서점의 경우는 담당자가 손님을 응대하는 상황이 아닐 때 다가가서 책에 관해 이야기를 한다. 손님 응대가 우선이기 때문이다.

---

1) 한국출판문화산업진흥원. 〈2019 출판산업 실태조사〉 (2019).

예전엔 신간을 일주일간 평대에 노출하는 것이 암묵적 관행이었다. 신간이 나오면 서점은 일정 기간 동안 책을 진열해준다. MD들과 관계가 좋은 오래된 출판사 마케터의 경우 진열 위치도 바꿔주기도 하고, 더 오랫동안 평대에 유지시켜주기도 한다. 하지만 대형서점의 시스템이 점점 정교해지면서, 평대에 대한 경쟁이 치열해지자 이제는 판매부수 등의 명확한 기준으로 평대를 운영한다. 그래서 예선처럼 "나야~"하는 얼굴영업은 사라지는 추세다. 또한 상당한 공간을 광고로 배정하는 시스템이 정착됐다. 평대의 월 이용료가 자리에 따라 수십만 원에서 수백만 원까지 다양해졌다. 출판사는 선택과 집중에 매달려 홍보를 해야 되는 상황이고, 서점은 광고수익도 고려해서 지속적으로 진열을 관리해야 된다. 공통점은 MD와 출판사의 마케터 모두 잘 팔리는 책을 밀어서 더 많이 파는 쪽으로 선택해 집중한다. 멀티플렉스 영화관에서 인기 있는 영화가 스크린 수를 독과점하는 이유와 같다.

출판사들은 왜 돈 드는 광고를 포기했나

2019년의 통계[2]가 흥미롭다. 전국 1,122개 출판사에게 어떤 방법으로 마케팅을 하느냐고 물었는데, "특별한 활동을 하지 않는다."가 25.2%로 가장 높았다. 단행본 출판사 중 1~2인 출판사에선 34.7%로 그 수치가 껑충 뛰었다. 활용하는 매체가 출판사 홈페이지

---

2) 위의 자료.

라고 응답한 비율이 15.9%, SNS 10.4%, 카페나 블로그 9.1%, 서점 매대 임대가 7.3%로 뒤를 이었다. 이후 신문, 서점 배너, 포털사이트, 카탈로그 순이었다. 흥미로운 대목은 연 100억 원 이상의 매출을 올리는 대형 출판사의 답변이었다. 그들은 홈페이지 29.2%, 온라인 배너 25.0%, 매대 임대 16.7% 순으로 활용한다고 답변했다. 작은 출판사에 비해 홈페이지 활용도와 유료광고 비중이 두 배나 높았다. 자사의 제품을 기다리는 충성 고객층이 있기에 홈페이지 활용도 역시 높았던 것이다.

"가장 효과적인 마케팅 방법이 무엇이라고 생각하는가?"에 대한 생각은 출판사 모두 비슷했다. 출판사 홈페이지 > SNS > 블로그, 카페 > 매대 임대 순이었다. 대형 출판사가 아니라면 서점의 평대나 온라인 배너광고는 엄두 내기 어렵다. '광고비용' 대비 '판매수익'을 계산하면 수지가 맞지 않기 때문이다. 물론 베스트셀러 급 서적이라면 사정이 다를 것이다. 저자에게 매료된 독자층이 확고하고, 확장성 또한 있다면 당연히 적절한 광고비용을 지출하는 것이 합리적이다. 그렇지 않다면 결국 광고는 책이 나가는 추이를 보고 판단해야 한다. 출판 부수 역시 마찬가지다. 1쇄를 500부나 1,000부만 찍고, 서점에서 반향이 있으면 2쇄, 3쇄를 하다 개정판을 내며 홍보비에 돈을 쓰는 것이 합리적이다. 광고효과를 고려한다면 응당 1순위는 인터넷 매체다.

소형 출판사의 마케팅 전략은 선거 캠페인과 흡사하다

뒤에서 자세히 다루겠지만, 필자가 보기엔 1인 내지 2~3인 출판사를 창업해 성공하기 위한 가장 중요한 자질은 '책을 좋아하는 것'도 아니고 '좋은 작가를 빨리 알아보는 능력'도 아니다. 1쇄, 2쇄를 예상한 시점까지 모두 팔아치우는 머천다이징merchandising 능력이다. 즉 자신의 상품을 진단하고 독자 반응을 예상해 판매계획을 실행하는 힘이다. 많이 팔린 책은 좋은 책일 가능성이 높지만, 좋은 책임에도 팔리지 않을 경우는 너무나 많다. 책에 따라 다르겠지만 1쇄를 500부 인쇄할 수도 있고 3,000부 인쇄할 수도 있을 것이다. 1쇄는 통상 출판사의 최소 목표량이다. 1쇄를 팔아야 비빌 언덕이 생긴다. 작가에게 인세를 주고 인쇄비용을 회수해 다음 2쇄를 찍을 수 있다.

필자는 작은 출판사일수록 작은 선거의 캠페인 모델을 참고하라고 권하고 싶다. 선거 캠페인의 목표는 후보를 상품으로 구체적인 표를 얻는 것이다. 어떤 그룹에게 무슨 방법으로 몇 표를 얻을 것인가를 구체적으로 짜 들어가는 것을 득표 전략이라고 한다. 사람을 통해 표를 얻으면 조직득표 전략이고, SNS 등을 통해 메시지로 호감층을 인입하는 것이 메시지 홍보 전략이다. 책의 판매전략 역시 누구를 대상으로 어떻게 팔 것인가에 대한 것이다.

선거 캠페인이야 말로 상품 마케팅의 핵심요소를 모두 수용하면서 고도화된 영역이다. 상품은 후보, 브랜드는 정당, 경쟁상품은 경쟁후보, 홍보문구는 캐치프레이즈로 설정했을 뿐이다. 다만 선거 캠페인은 현대의 선거 경험이 고도화되면서 더 복잡하고 치밀한 마케팅으로 발전했다. 미국과 한국의 대통령 선거 캠페인에서 굵직한 변화를 가져온 몇 가지 사례는 모두 광고회사의 캠페인 매니저 출신들에 의한 것이었다. 선거에선 표를 많이 얻어도 경쟁 후보보다 적으면 낙선하지만, 책은 경쟁 서적이 판매가 잘되더라도 내 책도 같이 많이 팔리면 그만이다.

시·군·구 의회 의원을 뽑는 기초의원 지방선거는 총선거 중 가장 작은 선거구라 할 수 있다. 선거구마다 다르겠지만 3인을 뽑는 3인 선거구일 경우 군의원은 3,000표, 시의원은 5,000표 이상을 득표하면 보통 당선된다.

실제 있었던 일이다. 수도권에서 무소속으로 출마한 30대 여성후보 A씨. 정당공천을 받은 유력 후보들은 당원들의 엄호와 정당 지지층으로 당선은 떼 놓은 당상으로 보였다. 문제는 A씨. 무소속에 자금과 조직, 인지도도 없는 신인이다. 유일한 강점은 젊은 여성후보라는 점. 심지어 유세차량을 임대할 돈이 없어 바퀴달린 여행용 가방을 끌고 다니며 유세했다. 하지만 선거 다음 날 A씨는 당선사례를 하고 있었다. 주민 대부분은 그가 낙선사례를 하는지 당선사례를 하는지 관심 없었지만, 선거관을 유심히 지켜보던 이들은 매우 놀라워했다. A씨는 자신의 처지를 누구보다 잘 알고 있었기에 목표를 당선 가능한 최소 득표수로 잡았다. 그리고 유력후보의 아성을 피해 자신의 표가 나올 수 있는 계층을 뽑았고, 그 계층의 운집 거점을 토대로 시간대별 캠페인 동선을 잡았다. 무엇보다 경쟁후보와 차별화할 수 있는 마케팅 방법도 중요했다. 돈도 없었지만 유세차에 올라 허공에 메시지를 뿌릴 순 없었다. 외지인이 많아 누구도 관심 두지 않았던 신생 빌라촌을 타깃으로 했다. 외지에서 새로 정착한 사람이 많았기에 기존의 동네 터줏대감 활동이 먹혀들지 않았다.

A후보에게는 유모차를 끌고 나온 30대 여성을 비롯해 어린이집 등원과 하원 시간대의 정류장과 카페나 마트 등을 이용하는 유권자들이 좋은 목표였다. 대상을 좁혔기에 특정 계층의 유권자와의 접촉 빈도가 높아졌고, 맘 카페 운영자는 A씨를 콕 찍어 좋아했다고 한다. 사람을 얻으니 표가 따라왔고, 표적집단을 세분화시키니 한 사람 한 사람이 눈에 들어왔다. 그래서 나중엔 눈빛만 봐도 "표를 셀 수 있을 정도"의 감이 왔다고 했다. SNS에 매일 올린 영상도 빛을 발했다. 다른 후보들이 악수하고 명함을 뿌릴 때, 그는 구체적인 사연을 모았고 대상의 이름과 연락처를 확보할 수 있었다. 홍보물도 흥미로웠는데 100여 명에 달하는 유권자의 요구를 기재하며 이를 공약화한 것이다. A씨의 성공 요인은 성공 가능성이 높은 대상에 역량을 집중해 바닥에서 1:1 접촉으로 득표한 것이다. 이와 관련한 사례로는 단연 《언어의 온도》의 저자 이기주를 빼놓을 수 없을 것 같다.

출판 이후의 마케팅
②《언어의 온도》는 어떻게 역주행했나

《언어의 온도》 역주행은 SNS 동아줄인가, 발품의 진정성인가

2020년 현재 170만 부 판매 기념 에디션까지 나온《언어의 온도》. 이기주 작가는 원래 경제신문사 기자였다. 작가로 전업하고 6종이 나 되는 책을 냈는데 많이 팔리지 않았고 그 역시 알려지지 않았다. 2016년 8월에 나온《언어의 온도》역시 비슷한 운명이었을지 모른 다. 하지만 이듬해 3월《언어의 온도》가 베스트셀러 1위로 치고 올 라왔다. 정확히는 3월 8일에서 14일까지 단 7일 동안 벌어진 기적의 행진이었다. 이후 오랫동안 1위는 바뀌지 않았다. 대형서점들이 보기엔 너무나 가파른 상승이었는데 이를 설명할 근거를 찾을 수 없 었다. 그 사이 무슨 일이 있었던 것일까. 경향신문이 그를 인터뷰 했다.

주목할 점은 사진 중심 SNS인 인스타그램의 효용이다. 작가는 한 인터뷰에서 "인스타그램에 책 속 문장을 사진, 내레이션 영상과 함께 업로드하면서 팔로워가 많이 늘기 시작했고 이를 계기로 책이 많이 알려졌던 것 같다."고 말한 바 있다. 실제로 인스타그램에서 '언어의 온도' 해시태그를 검색하면 3만 3,868개의 게시물이 나온다. 예스24 통계에 따르면 〈언어의 온도〉 구매자 중 30대 여성이 27.2%로 가장 많은 비중을 차지하고 있다. 구매자의 69.4%가 여성이다.[3]

《언어의 온도》가 역주행하게 된 이유는 바로 이기주 작가의 "인스타그램 각"때문이라는 말이 돌았다. 준수한 외모와 따뜻한 텍스트를 선사하는 미혼 작가의 힘이랄까. 이를 두고 출판계에선 '마우스 투 마우스Mouse To Mouth', 즉 노트북 마우스를 통해 '공유'한 인스타그램이 결국 사람의 입소문을 만들어냈다고 말했다.《언어의 온도》가 워낙 많이 팔리자 출판계에선 갸우뚱했다. 아직도 문단이나 출판계의 인사들은 이 책이 따뜻한 책이긴 하지만 170만 부가 나갈 책은 아니라고 보는 것 같다. "울리지만 않았지, 신파적 소재를 연착륙시켜놓은 진부한 메시지가 전부"라는 시각이다. 반대로 독자들은 "일상에서 느꼈지만 놓치고야 마는 순간을 포착해내는 섬세한 시각과 언어를 아껴 쓰는 그의 문체가 일품이다."라고 평가한다. 평단과 독자의 반응이 극단적으로 엇갈리는 사례는 많았지만, 그의 작품은 문제작도 아니고, 실험작도 아니며, 에세이의 품격을 떨어뜨리

---

3) 정원식, 〈베스트셀러 탐구 언어의 온도〉, 경향신문(2017. 7.24).

지도 않았다는 점에서 흥미롭다. '인스타그램 스타'라는 평가가 부당하다고 생각했는지 같은 해 12월에 다시 인터뷰했다.

"『언어의 온도』를 냈을 때 인스타그램 팔로워 수는 몇천 명에 불과했다. 책이 알려지면서 팔로워도 늘어났다. 내 책을 알린 방법은 '면 대 면'이었다. 책을 내고서 6개월 동안 교보·영풍·반디앤루니스의 전국 매장을 다 찾아갔다. 독립 서점까지 합하면 200곳이 훨씬 넘는다. 출판사 영업사원도 잘 안 가는 지역의 작은 책방까지 가봤다. 순례였다. 나는 그렇게 부른다. 캐리어를 끌고 다녔는데 참 무거웠다. 작가로서의 책임감·근심·절박함이 담겨 있었기 때문이다. 그렇게 몸부림을 치다 보니 천천히 책이 움직이는 흐름이 느껴졌다."(……) "많이 서러웠다. 면전에서 박대 받은 적도 많고, 만나주지 않은 경우도 많았다. 바쁘다고 기다리라고 하면 1시간도 기다렸다. 그렇게 기다려서 10분 얘기했다. 한 줄이라도, 서문이라도 읽어달라고 부탁했다. 『언어의 온도』는 나의 7번째 책이다. 에세이도 냈고, 자기계발서도 냈지만 다 실패했었다. 『언어의 온도』도 실패할 수는 없었다."[4]

정말 서점 주인들이 마음이 동하면 어떤 책을 베스트셀러에 올릴 수 있는지는 독자들도 조금 의아할 것이다. 이런 점을 의식했는지 중앙일보는 인터뷰 기사 중간에 이런 글을 남겼다.

4) 손민호, 〈올해 가장 많이 팔린 책 작가 이기주 "여태 여섯 번 실패..."〉, 중앙일보(2017. 12. 30).

실제로 인스타그램에서 『언어의 온도』를 검색하면 5만 9,285건의 게시물이 나온다(26일 현재). 올해 베스트셀러 2위에 오른 『82년생 김지영』은 3만 1,515건이었다. 인스타그램에는 이기주의 책 사진이나 문장을 필사한 사진을 올린 '인증샷' 게시물이 수두룩하다. 이기주의 외모를 칭찬하는 글도 많다. SNS에서 이기주 팬덤 현상이 있다는 것은 사실로 보인다.[5]

《언어의 온도》의 역주행은 단순히 동네 서점 주인들이 이 책을 추천도서로 평대에 올린 결과일까? 그렇게는 설명되지 않는다. 작은 서점을 중심으로 이 책이 팔리기 시작했고, 인스타그램에서 30대 여성 독자들은 작가를 팔로우하며 공유했을 것이다. 이 책의 구절은 인스타그램으로 올려도 손색이 없을 정도로 완결적이며 소소한 일상을 감성적으로 받아들이게 만드는 힘이 있다. 20, 30대 여성들의 인스타그램 조류가 얼마나 획일적이며 빠른지 이기주 작가가 몰랐을지도 모른다. 분명한 건, 서점가에서 팔리기 시작한 그 불씨가 없었다면 SNS 돌풍 역시 없었을 것이란 점이다.

실제로 2017년 중심으로 포털사이트 네이버의 검색 데이터를 살펴봤다. 《언어의 온도》 검색 곡선이 출간 당시(2016년 8월)에는 미미했지만, 꾸준한 상승곡선을 보이다가 6개월 후 시점(2017년 2월)부터의 가파른 상승세를 확인할 수 있다. 아래 그래프에서 확인할

---

5) 위의 자료.

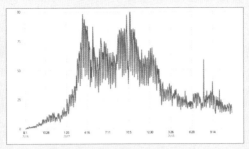

[언어의 온도 검색통계_ 20, 30대 여성]

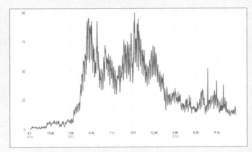

[언어의 온도 검색통계_ 남성]

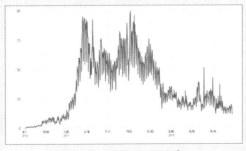

[언어의 온도 검색통계_ 전 연령]

검색 툴 : NAVER Data Lap. 검색어 트렌드*
검색 조건 : 2016년 8월 1일 ~ 2018년 12월 1일

* 네이버 데이터랩(datalab.naver.com).

수 있는 것처럼 기하급수幾何級數의 결과는 엄청나다. 흥미로운 점은 20, 30대 여성의 검색은 꾸준히 증가했지만 남성의 경우 2017년 3월에 들어 폭증했다. 《언어의 온도》 역시 20, 30대 여성이 견인해 전 연령대로 확장된 것으로 보인다.

'Mouse To Mouth(인터넷 → 입소문)'이었는지, 'Mouth To Mouth (입소문 → 입소문)'이었는지는 중요하지 않다. 공통점은 독자가 알아서 홍보하고 그들의 공유로 홍보가 완성된다는 점이다. 즉 '입소문 마케팅'이다. 필자가 보기에 이기주 작가는 작은 독립출판사가 어떻게 살아남아야 하는지를 보여주는 전형처럼 보인다. 《언어의 온도》는 2017년에 가장 많이 팔린 책이었지만 2018년에도 베스트셀러 5위 안에 들었다. 즉 독자들의 리뷰가 나쁘지 않았고 사회과학을 좋아하든 순문학을 좋아하든 이 책은 선물하기에 부담스럽지 않은 책이었다. 대형 출판사가 할 필요가 없거나 하지 못하는 영역에 작은 출판사의 마케팅 전략이 있다. 대부분은 돈은 덜 들지만 품은 많이 드는 작업이다.

보도자료, 리뷰어reviewer, 북튜버, 동네서점, 북 카페

1인 출판사라면 마케팅에 힘을 쏟을 여유가 없을 것이다. 하지만 자신의 책을 내기 위해 1인 출판사를 등록했다면 충분히 가능하다. 책이 출판된 이후엔 홍보에 전념할 수 있기 때문이다.

책이 나오면 가장 먼저 보도자료를 배포한다. 언론사 문화부를 비롯해 각종 매체에 이를 배포하는 대행업체가 있다. 보도자료를 뿌린다고 기자들이 이를 지면에 소개하진 않는다. 도서 담당 기자들은 일주일에 적게는 2종, 많게는 10종 정도의 책을 소개하고 리뷰 기사를 담는데, 책의 콘셉트가 희소성 있어 매력적이거나 언론사 논조를 뒷받침할만한 시의성이 있을 때 소개한다. 인기작가의 경우 직접 인터뷰를 요청해 기사가 나간다. 인기 작가들의 사회적 발언이 집중되는 시점을 유심히 보면 대부분 책 출판을 앞둔 상태다.

보도자료는 기자들이 힘들이지 않고 몇 부분만 선택해 써도 기사로 내보낼 수 있을 정도로 비교적 풍부한 내용으로 배포한다. 요즘 인터넷 서점 '출판사 서평'이 보도자료의 구성과 일치한다. 기자들은 늘 마감에 쫓긴다. 그래서 이런 방식이 효과를 볼 수도 있지만 자신의 코너를 가지고 있는 기자들은 기사를 이런 식으로 다루지 않는다. 보도자료를 베껴 썼다간 무슨 망신을 당할 줄 모르는 것이다. 글을 실어줄 확률이 높은 기자에겐 책을 직접 보내거나 안면이 있다면 작가가 만나 책에 응원의 글귀를 적어 선물하는 것이 좋다. 이번에 다루지 않을 수도 있지만, 다음엔 확률이 높아지기 때문이다. 데스크에서 기자에게 "왜 하필 그 책이냐."고 따지는 경우는 거의 없다. 필자가 기자로 활동하던 시절 개인적으로 친하다고 믿었던 작가의 신간 소식을 출판사를 통해 듣게 된 적이 있다. 출판사 직원은 보도자료를 보내주며 기사를 부탁했다. 문제는 보도자료만으로는 책의 정체성을 알기 어려웠다. 결국 리뷰기사를 쓰지 않았다. 만약 저자가 직접 책을 주며 그 책에 관한 이야기를 나눴다면 알찬 책 리뷰 기사를 작성했을지도 모른다.

TV에서도 책을 다루고, 종이신문도 책을 다룬다. 특정 요일마다 시를 다루는 매체도 있다. 라디오 프로그램은 작가를 초대해 특정 문장을 읽게도 해준다. 진행자가 책을 선정하는 경우도 있지만 대개 방송 작가가 해당 방송분의 콘셉트에 어울리는 작품을 선정한다. 시인은 시집을 추천하고 소설가는 소설책을 추천하는 방식이다. 지역 방송은 이런 편성이 더 자유롭다. 북 리뷰를 전문으로 하는 유튜버를 북튜버라 한다. 구독자가 50만 명이 넘는 인기 북튜버들은 죽은 책도 살려내 역주행을 시킨다는 전설이 있다. 이른바 '유튜브셀러'다. 이들 중 상당수는 돈을 받고 책 홍보를 하는 곳도 있지만, 그렇지 않은 리뷰어들도 많다. 책을 읽어주는 채널도 꽤 많다. "자기 전 듣기 좋은 문장"을 다루는 콘텐츠도 있고 "울적할 때 위로가 되는 말들", "마인드 세팅으로 부자 되기" 등등 콘셉트도 다양하다. 오랫동안 페이스북과 블로그에 본인이 직접 사서 읽은 책을 소개하는 사람도 많다.

서울시 마포구 합정동, 서교동, 홍대입구역, 신촌 등엔 유독 출판사도 많고 북 카페도 많다. 북 카페 사장들은 대부분 책을 좋아하고 문학을 사랑하며 작가를 초빙해 낭송회나 강연을 열길 좋아한다. 매일 저녁 인문학 강의를 여는 북 카페도 많다. 이들 카페에 가면 돈을 목적으로 하는 것이 아니구나 하는 생각마저 든다. 북 카페가 이

렁듯 동네 서점 역시 마찬가지다. 대형서점의 평대를 살 순 없지만, 이런 동네마다 자리 잡은 사랑방을 꾸준히 확보해 나간다면 판매량도 늘어나기 마련이다. 1인 출판사도 많지만 독립출판을 응원하는 서점도 많다. 이들은 그들만의 네트워크 안에서 좋은 책을 응원하고, 독자가 자발적으로 추천하는 연쇄반응이 간혹 베스트셀러를 만들기도 한다. 작은 서점과 독립출판 네트워크를 주목해야 하는 이유이기도 하다.

그 많던 1인 출판사들은
어디로 갔나

　현재 사업자로 등록된 출판사는 치킨가게만큼이나 많다. 2018년
기준으로 치킨 전문점은 8만 7천여 곳이고, 출판사는 7만여 곳이지
만 2019년 상반기에 책을 한 권이라도 출간한 출판사는 5천여 사에
불과하다. 1인 출판사가 이렇게 많이 생긴 이유는 무엇보다 진입장
벽이 낮아서일 것이다. 분식집 하나를 내려 해도 건물 임대료에 권
리금까지 준비해야 하지만, 출판사는 그런 게 필요 없다. 관할기관
에 신고만 해도 바로 출판사업자로 등록할 수 있기에 진입장벽이 매
우 낮다. 사무실이 수도권이라면 월 25만 원 내외의 공유 오피스를
임대하더라도 사업자 주소로 등록하고 기본 업무를 진행하는 데 불
편함이 없다. 최근에는 독립출판이 훌륭한 재테크 수단으로 주목받
고 있어서 1인 출판사는 앞으로도 계속 늘어날 것으로 보인다. 책
한 권을 내기 위해 1인 출판사를 차리는 사람도 많고 독립출판으로

대박이 난 저자도 있다. 하지만 개업과 동시에 휴업이거나, 책 1종을 내고 계속 휴업인 곳도 정말 많다. 출판사 등록 진입장벽은 낮지만 살아남는 건 매우 어렵다.

잘못된 적성 판단, "어려서부터 책을 좋아했어요"

책을 좋아하는 사람은 서평을 선문석으로 작성하거나 독서모임을 운영하는 것이 좋다. 대상에 걸맞은 책을 추천하는 '북 컨설턴트'나 '책 심리치료사'가 이런 직업이라고 생각한다. 드라마를 즐긴다고 드라마 작가가 되는 것이 아니고, 드라마 작가가 제작사 대표를 잘하는 것도 아니다. 출판사 경영에는 다른 능력이 필요하다. 좋은 작품을 선별하는 선구안은 꾸준한 독서와 글쓰기 경험으로 만들수 있다. 그러나 바로 그 눈 때문에 적자를 보는 출판사 대표도 여럿보았다. 개인적 취향에 따른 책 읽기 경험을 '시장을 보는 눈'이라고 착각하기 때문이다. 책 읽기만으로 얻을 수 없는 게 바로 섭외력과 세일즈 능력이다. 자신이 결심한 콘셉트에 꼭 맞는 작가를 섭외할 수 있는 능력과 마케팅 능력 말이다. 나머지는 일반 실무다. 세금처리나 서점에 책을 배송하고 판매량을 계산해 정산하는 방법 등이그것이다.

약점은 인맥장사 혹은 1인 그 자체

다단계 판매업(직접 판매업)에서 가장 반기는 사람은 단연 인맥

자랑하는 마당발이다. 예를 들어 공무원 시절 사수였던 선배가 은퇴해 오랜만에 찾아와 가정용 정수기를 임대해 달라고 부탁한다면 이걸 인간적으로 마다하기는 쉽지 않다. 입사해서 자신의 인맥을 모두 동원해 물건을 팔면 3개월 정도까지는 인정을 받고, 잘하면 우수사원 표창도 받을 수 있다. 문제는 그다음이다. 6개월이면 지인들에게 소문이 나고 인맥이 바닥난다. 6개월 이후에 만나려는 사람은 주로 절친했던 사람이 아니라 사업상 알고 지냈거나 한 다리 건너 아는 사람들이다. 판매망이 확장되어야 하는데 인맥은 생각보다 빨리 소진된다.

1인 출판사 창업을 결심한 한 후배는 출판사를 하던 선배가 하던 일을 접자 바로 뛰어들었다. 밑천은 등단한 선배들이었다. 창업과 동시에 마주한 벽은 높았다. 대학시절 교정에서 막걸리를 주고받던 일부 선배들은 선뜻 원고를 내주었지만 출간된 책은 생각보다 많이 나가지 않았다. 기대했던 문단에서 이미 자리 잡은 90학번 윗세내는 대부분 원고를 주지 않았다. 북 디자인을 할 줄 몰랐기에 외주를 주었고, 교정을 포함해서 작은 돈이 소소하게 계속 필요했다. 그는 어찌됐든 책이 출판되면 수금하면서 숨통이 트일 것이라고 생각했다. 하지만 인세를 주고 제작비를 주니 월급은 고사하고 근근이 임대료와 활동비만 남는 정도였다. 이조차 힘겨운 경우도 허다했다. 책이 출판되자 기존과는 전혀 다른 생활을 해야 했다. 원고를 교정하며 편집하는 건 아무것도 아니었다. 아침에 일어나 주문을 체크하고 발송의뢰, 서점 방문, 매월 초에는 계산서 발행도 해야 했다.

책 홍보는 늘 고민해야 하고, 다음 책을 위한 기획과 저자 섭외, 서점 MD를 만나며 서점 동향과 마케팅 방향을 계속 조정하는 것은 일상다반사가 되었다.

한번은 출간된 시집에서 치명적인 오타가 나왔다. 스티커 작업을 하면 안 되겠냐는 제안에 선배는 정색하며 재인쇄를 요청했다. 악착같이 쓰지 않고 모아두었던 자신의 급여가 한순간에 사라지는 순간이었다. 그의 출판사에서 책을 냈던 선배들이 다음 작품은 다른 출판사에서 하고 싶다며 빠져나갔다. 결국 시와 소설과 같은 순문학 분야에선 베스트셀러를 내기 어렵다고 판단한 후배는 자기계발서를 의뢰받아 출판하기 시작했고 이후 문인들의 발길은 줄었다. 선배 문인들은 문학전문 출판사를 포기한 그를 두고 "상태가 안 좋다."고 평했다. 직원 1명을 더 들여야 하는 상황이었지만, 그 정도의 수익을 얻을지 자신이 없었다. 결국 혼자 일하다 시간도 체력도 남아 있지 않았던 그는 이전엔 많은 품을 들여서 했던 SNS 홍보와 서점 투어도 못 하게 되었다. 마케팅을 전혀 하지 않는 출판사에 대한 저자들의 평가는 혹독했다. 출판사의 색깔은 흐려졌고 베스트 작품도 없었던지라 저자 섭외 역시 쉽지 않았다. 창업 3년이 지났을 무렵 그는 생계를 위해 다른 일을 봐주고 있었다. 그의 출판사는 사실상 휴업이나 다름없었다.

이 사례는 그다지 억지스러운 사례가 아니다. 그나마 1인 출판사를 3년 유지할 수 있었던 배경은 바로 문단의 인맥이었다는 점에서 그의 창업이 무모해 보이지는 않는다. 그렇다면 무엇이 잘못된 것일까. 사업에 실패했다고 모두 당사자의 잘못은 아니다. 그의 잘못이 아닐지도 모른다. 가령 우리나라 출판시장이 심각하게 양극화되어 있어 상위 20%의 서적에 들지 않으면 출판사 경영이 만만치 않다는 점이 그것이다. 우리나라 국민 10중 4명은 1년 동안 1권의 책도 읽지 않고, 2019년 가구당 1년 서적 구입비용은 11,690원에 불과하다. 유통시장은 대기업 서점이 장악하고 있다.

자신의 책을 히트시키기 위해 1인 출판사를 창업하는 경우도 많다. 단순히 책을 내고 싶은 마음이라면 1인 출판사 창업을 망설일 이유가 없다. 하지만 자신의 책을 히트 시켜 출판사도 키우고 이후 다른 이들의 책도 만들겠다는 발상은 비합리적이다. 히트할 책이라면 중대형 출판사에서 원고를 마다하지 않을 것이고 작가에게도 더 유리하기 때문이다. 수입 역시 쏠쏠하게 생길 터인데 굳이 1인 출판사를 창업할 이유가 있을까? 한 유튜브 채널에서 "책만 내면 인세 수입 1억"이라는 말도 안 되는 타이틀로 홍보하는 것을 보았다. 들어보면 결국 자신의 글쓰기 학원에 등록하라는 말이다. 학원에 등록해서 자신이 만든 책으로 공부해 출판하면 베스트셀러 작가가 될 수 있다는 씁쓸한 광고였다. 베스트셀러 만드는 법을 그리 잘 아는 사람이라면 자신 책부터 베스트셀러에 올려놓아야 하지 않을까. 그렇다면 성공한 1인 출판사들은 무엇을 가지고 있을까.

NOUVEAUTES
LITTERATURE

성공하는 1인 출판사의
6가지 준비

    2015년 1인 출판사 '소와다리'는 김소월 시집 '진달래꽃'의 초판본을 복간했다. 표기와 활자, 세로쓰기 구성까지 모두 복원했고 출간 직후 베스트셀러에 올랐다. 그리고 이듬해에는 윤동주의 '하늘과 바람과 별과 시' 초판본을 히트시켰다. 고등학생과 대학생들 사이에선 이 책을 지니고 있는 것만으로도 관심을 끌 정도였다. 그리고 다시 백석의 시집 《사슴》을 복원했다. 출판권이 소멸한 시집의 원형을 국회도서관에서 찾아냈다고 한다. 그는 언론과의 인터뷰에서 1인 출판사의 숙명을 이렇게 표현했다.

    "사실 다른 출판사와의 경쟁에서 살아남기 위한 전략이었다. 예쁘게 디자인된 책들은 많으니까. 처음 나온 디자인으로, 직역에 가까운 번역으로 책을 만드는 것은 어떨까 싶었다. 작은 시장을 한번

노려보자는 생각에 시작했다. " (중략) 소와다리는 초판본을 출간할 때마다 책에 걸맞은 이벤트를 진행한다. '진달래꽃'은 '경성에서 온 소포'라는 콘셉트로 경성우편국 속달인 봉투에 책과 명동 풍경 엽서, 대한제국 시절 우표를 함께 담았다. '하늘과 바람과 별과 시'는 3주기 증보판과 함께 윤동주 육필 원고철, 판결 서류와 사진을 함께 실었다. 이에 초판본 열풍은 소와다리의 마케팅 승리라는 이야기도 나온다.[6]

강점은 책의 콘셉트 그리고 1인 그 자체

대나무 숲과도 같은 경쟁의 틈새에서 '초판본'이라는 아이디어를 쏘아 올린 1인 출판사. 멋지지 않은가. 그는 성공의 경험 때문인지 출판시장을 어둡게만 말하고 싶지 않다면서 말한다. "모두가 망할 때 흥하는 사람이 있고, 모두가 흥할 때 망하는 사람이 있어요."[7] 창업도 해 볼 만 하다는 이야기다. 1인 출판사를 차리는 이유는 반드시 내고 싶은 책들이 있기 때문이다. 기존 출판사에서 큰 담론을 다룰 때 작은 출판사는 핀셋으로 작은 이야기를 집어낸다. 어학이나 인문학에서도 마찬가지다. 출판사 에디터들은 모르고 자신은 확신하고 있는 것을 손에 쥐고 도전한다. 애초 돈을 목적으로 창업하는 사람들의 머릿속에는 없는 것이다. 전투에 비유하자면 정규전과 게릴라전의 차이다. 정규전은 후방보급과 항공지원, 막강

6) 김보경, 〈'초판본 열풍' 소와다리 "너무 익숙해진 시들 다시 읽어줬으면"〉, 연합뉴스(2016. 2. 1.)
7) 이승훈, 《내 작은 출판사 시작하기》(2019), 46쪽.

한 화력으로 싸운다. 작전 설계에 시간이 걸리고 병력 배치에는 더 많은 시간과 자원이 필요하다. 반대로 파르티잔partisan은 의사결정이 빠르고 이동도 신속하다. 적이 예상하지 못한 지점을 선택해 화력을 집중하는 전략이다. 1인 출판사의 성공비결은 다른 시장, 다른 테마. 즉 출판사의 콘셉트로 경쟁한다. 단순히 책을 좋아한다고 성공할 수 있는 영역이 아니라 특정 장르에 좁고도 깊은 이해가 있어야 성공할 수 있는 분야가 바로 '1인 출판사'가 아닐까 생각된다.

1인 출판사는 창업에 많은 돈이 필요하지 않고 또 희극적이지만 망하기도 어렵다. 고용한 직원이 있는 것도 아니고 그저 1,000부 정도의 제작비용과 선인세를 날리는 정도다. 본인에게는 무척 슬픈 일이겠지만, 1인의 강점이 이런 것이다. 언제든 다시 책을 낼 수 있다는 것. 작은 치킨 가게나 카페가 망해도 가맹비와 인테리어, 기자재 비용, 임대료 등등 1인 출판사와 손실금을 비교해보면 차원이 다른 이야기다.

당신이 직장을 다니고 있는데 직장을 그만둔 후 본격적인 창업을 준비하려고 한다면 재고하라고 권유하고 싶다. 시장조사를 하고 사전에 작가를 발굴하고 디자인과 인쇄 실무를 배우다 보면 1년도 짧다.

창업 전에 준비해야 할 6가지 전략

• 당신의 출판사는 무슨 책을 어떤 기준으로 출판하는가? (콘셉트)

• 저자가 왜 꼭 당신의 출판사와 계약해야 하는가? (저자 섭외)

• 책이 안 팔려도 다음 책을 위해 투자할 수 있는 여력이 있는가? (예비자금)

• 향후 1년간 출판 가능한 책 중 확실히 수익을 내는 책은 몇 종인가? (매출 전략)

• 당신이 늘 활용할 수 있는 효과적인 마케팅 수단은 무엇인가? (홍보 수단)

• 당신은 교정과 디자인을 일정 수준 이상으로 할 수 있는가? (비용 절감)

① 출판사의 콘셉트

필자가 지방에서 음식점을 고를 때 피하는 권역이 있다. 터미널과 기차역 내부에 운집한 식당들이다. 물론 다 그런 건 아니지만 메뉴가 많은데 주종은 없고, 외지인을 대상으로 일회성 손님이 많기에 맛도 크게 기대한 적이 없다. "뭐가 제일 맛있습니까?"라는 질문에 "다 맛있어요."라는 대답이나 가장 비싼 요리, 혹은 가장 저렴한 재료의 음식을 굳이 추천받았던 경험도 유쾌하지 않기 때문이다. 출판사도 마찬가지다. 시작과 동시에 이것저것 여러 분야를 다루면서 정체성을 가지지 못한 출판사는 바로 '역전식당'과 같다. 출판사의 주력 분야를 인문, 시, 경제, 아동, 예술 등등 그때그때 상황에 따라 다르게 출간되는 것이 아니라 어느 특정 한 분야를 중점적으로 출간하면서 점차 분야를 확대하는 것이 바람직하다고 생각한다.

② 저자 섭외력

정확히는 발굴능력이다. 이미 알려진 기성 작가가 신생 1인 출판사에 원고를 줄 이유란 인연 외에는 없다. 많은 돈을 들여 판권을 살수도 있지만, 이 경우 도박이 된다. 저자가 이미 수많은 제안을 받아 출판사를 고르는 처지라면 신생 1인 출판사가 못 미더울 것이다. 그래서 1인 출판사는 저자 혹은 출판 콘셉트를 발굴해야 한다. 이를 위해 SNS와 글쓰기 플랫폼, 인문학 강좌와 기존에 나온 책을 늘 섭렵하고 메모해 두는 것이 경쟁력이다. 어떤 저자의 책이 특정 부분은 빛이 나고 나머지가 지루하다면, 그 저자는 좋은 출판기획자를 만나지 못한 것이다. 이런 저자에게 저자가 잘할 수 있는 콘셉트와 목차를 협의하면 좋은 책으로 나올 가능성이 높다.

③ 자금운영 능력

책 한 권이 잘 안 나갔다고 인쇄대금을 못주거나 신용불량자가 되면 출판사도 끝이다. 첫 책의 1쇄는 특별한 마케팅 포인트가 없다면 1,000부 내외만 찍어 시장 반응을 확인해야 한다. 노력해도 잘 안나가면 어쩔 수 없다. 이럴 때 다음 책을 낼 수 있는 여유자금이 있어야 한다. 누구는 2억 원 정도의 자본력이 있어야 한다고 하는데, 그 정도 자본력이면 1인 출판사 말고 다른 선택지도 많을 것이다. 첫 책을 내고도 최소 3,000만 원 정도의 여유자금은 있어야 한다. 왜 3,000만 원이냐면 3종을 1,000부씩 찍고 활동할 수 있는 자금이다. 3개월에 책 1종만 내서는 사무실 임대료를 감당하기도 어렵다. 처음엔 분기에 한 권씩 내다가 점차 기간을 단축하면서 출판하는 종수를 늘리는 것이 좋다.

④ 2년 매출 전략

책 10종이 망해도 그 중 1종이 상위 20%에 들어가면 출판사 운영이 가능하다. 분야별 베스트셀러에 들어간다면 더할 나위 없다. 예전엔 회사 인력 중 20%가 80%를 먹여 살린다고 했는데, 지금은 뛰어난 5%의 역량이 전 임직원을 먹여 살리는 구조다. 출판사에서 낸 책도 마찬가지다. 반향을 일으킬 아이템을 가진 저자와 사전계약을 맺을 수 있을 정도의 계획은 있어야 한다. 원고가 없다면 1년 전에 가계약을 하기도 한다. 따라서 2년은 긴 기간이 아니다. 이런 전략상품(기획출판물)을 중심에 두되 일상에선 좋은 저자를 발굴하는 작업을 병행해야 한다. 준비된 상품이 없으면 마음이 조급해지고, 좋은 저자를 만나지 못해 허탕을 치는 일이 반복되면, 눈도 낮아진다. 이럴 경우 객관적 시각을 잃어버리고 엉뚱한 작품을 출판할 수도 있다.

⑤ 효과적인 마케팅 수단

1인 출판사는 비용은 적게 들이고 품은 많이 들여 홍보할 수밖에 없다. 앞에 서술한 〈출판 이후의 마케팅〉를 참고하라. 이 분야야말로 오랜 시간과 품이 드는 작업이다. 자신의 페이스북이나 블로그를 영향력 있는 매체로 키우는 건 창업 이후보다 이전이 훨씬 유리하다. 왜냐면 창업 이후엔 당신은 상품을 팔아야 하는 입장이지만, 창업 전엔 SNS에 다룰 수 있는 분야도 넓고 만남도 자연스럽다.

⑥ 비용 절감

출판사의 수익이 안정화되어 책 한 권에 수백만 원 정도의 외주 비용을 감당할 수 있다면 내지 디자인, 표지 디자인, 교정·교열을 모두 외주(아웃소싱)로 처리해도 된다. 하지만 첫 책부터 이런 식이라면 금방 곳간이 바닥날 것이다. 사무실 역시 외져도 싸고 저렴하다면 그만이다. 굳이 출판단지 내에 사무실을 마련할 필요도 없다. 파주 출판단지에 있는 출판사들은 대부분 대형 출판사들이다. 파주 출판단지가 교통이 편한 건 아니지 않는가. 현재 출판 디자인에 가장 많이 사용하는 프로그램은 '인디자인Adobe InDesign'과 '포토샵 Adobe Photoshop'이다. 직장을 다니고 있다면 적어도 1년 전부터는 유튜브 등을 통해 배우면서 실력을 갖추길 조언한다. 한 달만 하면 출판 디자인을 배울 수 있다고 하는 사람들도 있는데 그런 것에 현혹되지 않았으면 한다. 사람마다 다르겠지만 필자라면 내지 디자인과 교정·교열을 스스로 하고, 표지 디자인은 외주를 주는 방식으로 비용을 절감할 것이다. 종이 발주와 인쇄공정에 대해서도 역시 마찬가지다. 직접 방문하고 담당자를 만나 직거래를 하는 것이 좋다. 대행을 맡기면 편하기는 하지만 그만큼 비용이 늘어난다.

출판사는
어떤 에디터를 뽑을까

    출판사 에디터는 언론고시와 같은 일반적 전형이 없다. 대상자의 기획력이나 작자와의 원만한 협의능력, 빠른 실무처리 등을 정량화해서 검증할 방법도 마땅치 않기 때문이다. 그래서 최소 3년 이상 출판사에서 일해 본 경력직 사원을 선호한다. 출판사 에디터라고 기획과 편집, 보도자료 배포 등만 진행하는 건 아니다. 일이 바쁘면 에디터가 인쇄소에도 가야하고, 온라인서점 MD를 만나기도 하고, 저자 강연회 준비와 마케팅 업무, 굿즈와 같은 상품도 준비해야 한다. 현장경험이 있어야 일을 잘 할 수 있다.

출판사가 중요하게 보는 에디터의 자질

    일부 출판사에선 입사과제로 〈보도자료〉를 요구하기도 한다. 기본적인 문장력과 교정능력을 파악하기 위함이다. 인문이나 부동산, 예술 전담 에디터라면 이에 대한 경험이나 출판경험, 전문성을 확인하기도 한다. 대형 출판사에선 이력서와 독서경력, 문장력과 교정실력을 등을 확인하는 공채과정으로 편집자를 뽑기도 한다. 또한 수습기간을 포함해 계약직 1년 후 업무전환을 하는 방식을 채택하기도 한다. 쉽게 말해 일 제대로 못 하면 언제든 내보겠다는 뜻이다. 중소형 출판사는 안면이 있는 다른 출판사 에디터를 받아들이거나 추천 혹은 면담을 통해 신규 에디터를 채용하기도 한다. 참고로 대형 출판사에선 편집장 아래 분야별 책임 편집자가 있고 그 아래 각기 책을 전담하는 에디터와 보조 편집자도 있다. 중소형이라면 편집장을 에디터 2인이 보조하기도 한다.

출판사에선 당연히 기획력 뛰어나고 시장흐름에 예민하며 작가와 소통 잘하고 교정 교열까지 확실한 사람을 선호한다. 검증된 사람이면 스카우트도 한다. 하지만 처음부터 준비된 청년 구직자는 없다. 출판사는 청년 편집자를 선발할 때 어떤 기준을 적용할까? '서울출판예비학교'의 전형을 살피는 것이 좋겠다. 정식명칭은 '한국출판인회의 서울북인스티튜트SBI; Seoul Book Institute'인데, 이름이 길어서인지 출판인들은 그냥 '출판학교'라고 부른다. 6개월 교육과정에 798시간 수업이다. 하루 7시간 수업을 기본으로 하니 웬만한 대학 교육보다 더 집약한 커리큘럼이다. 등록금은 없고 교통비 정도를 지원받는데, 경쟁률이 치열하다. 이 학교 출신에게 가산점을 부여하는 출판사도 있기 때문이다. SBI가 국내 67개 대형 출판사의 기부금을 모아 설립한 출판인 양성학교라는 점을 생각하면 이상하지 않다.

한 기수 당 66명을 뽑는데 편집자, 디자이너, 마케터 과정이 따로 마련되어 있다. SBI에선 서류전형으로 〈독서이력서〉와 〈자기소개서〉를 요구한다. 디자인 과정은 〈포트폴리오〉를 제출해야 한다. 〈독서이력서〉엔 자신이 읽은 책을 시기와 분야별로 나눠 도서정보와 함께 400자 이내로 요약해야 한다. 필기시험과목은 한국어와 논술이다. 한국어 시험은 교정능력을 중심으로 본다. 이후에 실시하는 면접시험에선 출판사 대표와 임원 등으로 구성된 면접관이 조직생활과 출판에 대한 이해 등을 심층 담화한다.

정리하면 풍부한 독서경험과 시야, 교정능력과 논술능력(사유능력)을 좋은 에디터의 자질로 본다는 뜻이다. 책을 많이 읽고 문장력 좋고 교정도 일정 수준이 되는 사람은 많다. 수능 수시전형의 논술 실력자들이 오죽 많은가. 일찍이 출판인의 꿈을 키웠다면 조금 특별한 역량을 갖추는 것이 좋다.

출판 에디터를 꿈으로 가진 청년이 준비해야 할 자질과 재능은 무엇이 있을까?

독서량 보다 정확한 독후활동이 더 중요하다

책을 많이 읽는 사람은 평범하지만, 책을 다양한 사회적 시각으로 해부하고 다른 책과의 차별성을 밝히는 사람은 특별하다. 이런 능력은 주로 독후활동을 통해 길러진다. 독후활동으로 ① 요약문 단문 작성 ② 리뷰+에세이 쓰기 ③ 감상토론 ④ 디베이트_{debate} ⑤ 유사한 콘셉트의 책 비교하기를 권한다.

① 요약문은 줄거리를 쓰는 것과는 다르다. 칼럼 형식의 글이라면 이미 충분히 요약되어 있기 때문에 키워드와 카피를 끄집어내 요약문을 쓰는 것이 쉬울 것이다. 하지만 소설이나 에세이라면 내용을 충분히 파악하여 글의 주제를 담은 대목을 활용해 다시 써야 한다. 쉬운 것 같지만 실제로 해보면 매우 엄격한 글쓰기라는 것을 체감할 것이다. 여기에 책의 핵심 문장을 넣어 글을 꾸미면 보도자료가 된다.

② 리뷰나 에세이는 완전히 주관적으로 책을 해석하고 해부해 자신의 문장으로 새로운 작품을 만드는 것이다. 어떻게 써야 독자들이 재미있게 끝까지 읽을까를 염두에 두며 작성한다. 평소 편하게 책을 읽었던 사람이 리뷰와 에세이를 작성하는 순간 몇 가지를 사실을 알게 된다. 자신이 얼마나 쉽게 타인의 주장을 비판 없이 받아들였는지, 그리고 독서하는 동안 생각을 얼마나 게을리 했는지 등이다. 리뷰와 에세이를 쓰면 자신의 주장이 강화되고, 타인과는 다른 관점으로 사물과 주장을 보는 훈련을 하게 된다.

문장력이 좋아지는 것은 덤이다.

③ 감상토론은 독서모임에서 흔히 진행하는 방식이다. 형식에 제약을 두지 않는 모임도 있지만, 그러다 보면 이야기가 너무 번지거나 섞여 집중력이 떨어진다. 그래서 진행자는 챕터마다 특정 질문을 사전에 받거나 즉석에서 제안해 서로의 시각을 공유하게 한다. 감상토론의 목적은 자신의 느낌을 상대에게 강박하거나 상대의 주장을 논리적으로 탄핵하는 데 있지 않다. 오히려 배우는 데 있다. 타인의 감정과 주장, 그리고 말을 하는 순간 표정을 예리하게 포착하는 훈련을 해야 한다. 사람들의 이야기에 흥미를 느끼고 "그 사람은 왜 그렇게 느꼈을까?"를 파악하는 건 에디터의 중요한 자질이다. 결국 많은 사람들이 공유하고 있는 인식과 감정을 건드리는 것이 에디터니까. 모임에 따라 '사별死別'이라는 소재 하나만으로도 엄청난 문학적 세례를 받을 수도 있다.

④ 디베이트debate는 공론식 토론이다. 의제를 준비해 찬반 양쪽으로 나눠 제한된 시간에 공수攻守를 주고받는다. 의제에 대해 반대한다고 반대의제에 대한 근거자료만 준비하는 것이 아니다. 찬반 근거 모두를 조사해야 한다. 그래야 공격을 예상하고 방어할 수 있기 때문이다. 디베이트는 이슈에 대한 감수성을 키우고 반대 진영의 관점으로 사안을 보는 힘을 키우는 데 도움이 된다. 무엇보다 제한된 시간에 말을 정연하게 하는 버릇은 이후 글쓰기나 논리적 사유에도 큰 도움을 준다. 시대정신에 대한 관점과 철

학을 가진 에디터가 좋은 책을 많이 만들 수 있다.

⑤ 같은 주제지만 다른 콘셉트를 가진 책들을 읽고 특징과 차별성을 밝히는 건 에디터에겐 꼭 요구되는 지점이다. 출판에도 시류가 있고 유사 장르의 책이 쏟아져 나오는데, 새 책에 어떻게 차별성을 부여할 것인가는 에디터의 몫이다. 전작의 안티테제 antithese, 反定立일 수도 있고 타깃 계층을 달리해 더 확장된 이야기를 하거나 심화한 작품일 수도 있다. 이 과정이 어렵지만 흥미로운 이유는 에세이가 아닌 인문서의 경우 비슷한 콘셉트의 책을 선별하기도 만만치 않기 때문이다. 인터넷 서점에서 책을 검색하면 비슷한 책을 추천하는데, 제목만 봐서는 알 수 없다. 도서관에서 실물을 확인하고 책을 비교하는 훈련은 쉽게 지니지 못하는 역량이다.

독후활동에 관한 글은 SNS에 올리길 권한다. 독자들의 반응을 확인해야 책을 읽고 에세이를 쓰는 활동이 즐겁고, 태만을 잡아준다. 혹시 아는가. 당신이 에디터가 아니라 훌륭한 작가가 될지.

유인물을 만들어 보라

뭔 소린가 싶을 것이다. 쉽게 말해 전단지다. 시작은 학내·사내 사안이나 행사 홍보, 동아리 홍보 등으로 하고, 영역을 넓힌다면 동네 음식점, 보습학원, 문화센터 등의 홍보전단을 만들어보는 것이다. 출판 마케팅도 결국 광고에서 온 것이고, 광고의 원형은 전단이다. A4 전단 한 장에는 타이틀이 들어가고 호소할 내용과 근거가 들어간다. 누구나 전단을 제작할 수 있지만, 눈길과 마음을 잡아끄는 전단을 만들긴 쉽지 않다. 지금 규모 있는 출판사 대표나 에디터, 작가 중 상당수는 대학시절 밤을 새워서 유인물을 만들었고, 대자보나 무크지mook[8]를 특색 있게 잘 만든다는 칭찬을 듣던 이들이 많이 있다. 전단의 목적은 두 가지다. 선동을 통해 마음을 훔치거나, 홍보를 통해 지갑을 열게 하는 것이다. 교내 동아리 공연이 있다면 전단을 통해 판매하는 티켓이 늘어야 하고, 동네 음식점 광고를 했다면 매출이 늘어야 한다. 거창하게 할 필요 없이 일반 복사용지에 흑백으로 해도 좋다.

광고쟁이들은 무릎을 치게 할 인사이트insight 하나를 뽑아내기 위해 현상을 단순화시키고 이야기를 만들어 낸다. 《못 파는 광고는 쓰레기다》[9]라는 책이 있는데 제목이 말하듯, 광고는 글이나 영상, 스토리의 참신함을 자랑하는 것이 아니다. 광고가 독특해서 광고만 기억나고 어떤 제품인지는 떠오르지 않는 광고가 대표적이다. 전단을 통해 홍보 효과를 체감하는 것. 보편적인 홍보방식이 얼마나 낭비인지를 깨닫는 것도 큰 이익이다. 무엇보다 하나의 제품을 팔기 위해 철저히 소비자의 관점에서 보는 훈련은 매우 중요하다. 에디터의 능력이 바로 그것이다. 팔릴 책과 안 팔릴 책을 구분하는 선구

---

8) 산문 등을 모은 비정기적 잡지, 간행물. 대학생들은 산문을 모아 편철한 것을 무크지라 불렀다.
9) 클로드 C. 홉킨스. 심범섭 역. 《못 파는 광고는 쓰레기다》. 인포머셜마케팅연구소(2014).

안, 그리고 묻힌 원고를 꺼내 기획방향을 약간만 틀어도 팔 수 있는 제품으로 다시 만들어 내는 것. 제한된 지면에 사람의 눈길을 잡아 끌 타이틀과 이미지를 잘 살린다면 당신은 어쩌면 뛰어난 마케팅 능력을 가진 편집자가 될 지도 모르겠다.

정확한 문장과 국문법은 늘 공부하라

맞춤법에 익숙해지면 자연스레 교정도 보게 될 것 같지만, 그렇지 않다. 교정인이 따로 있는 이유는 그만큼 어려운 일이기 때문이다. 필자 경험으론 문장력을 끌어올리는 것보다 교정실력을 높이는 것이 더 어렵다. 필자와 일했던 교정작가는 10년이 넘었지만 지금도 매일 2시간씩은 교정 공부를 하고 책을 보며 자신이 잘못 교정했던 원고를 다시 복기한다고 했다. 그만큼 꾸준한 노력이 필요한 일이다. 국립국어원의 《한글맞춤법. 문화체육관광부 고시 제2017-12호》, 《한국어 어문 규범》과 해설집을 보며 연습할 수도 있다. 교정 실력을 높이기 위해 한국어 교원자격증을 준비하는 사람도 있는데, 이것도 하나의 방법이다.

강좌를 듣고 지식인 이너서클에 합류하라

인문학 강사들은 책으로는 전하지 못한 이야기를 풀어서 들려준다. 강사의 선택기준은 특정 분야의 오래된 전문가인가 하는 점이다. 왜냐면 인문학 시장이 커지다 보니 은퇴 후 특정 분야에 관한 책을 수십여 종 읽고 책을 내고 강연하러 다니는 이들이 많기 때문이다. 강좌를 들어보면 인터넷만 뒤져도 나오는 이야기가 많기 때문에 매력적이지 않다. 하지만 30년간 한 우물을 판 전문가들은 놀라운 이야기를 많이 들려준다. 철학, 역사, 한국건축, 서양건축, 심리학, 인류학, 서양미술, 동양화, 신화, 전쟁사, 근동지역 역사, 법의학, 현대미술, 도시설계, 의학 이슈, 죽음에 대한 태도, 우주, 물리학, 상대성이론, 양자역학, 동양철학, 정치관계학 등등 그들의 강의를 듣다 보면 많은 학문이 연계되어 있고, 무림의 지파처럼 몇 가지 부류로 나뉜다는 것을 알 수 있다. 1시간 30분짜리 일회성 무료강좌의 효과보다는 5~8주 정도를 집중하는 강좌가 도움 된다. 어렵거나 다소 지루한 부분이 있어도 좋다. 에디터는 세상 모든 학문을 아는 것이 아니라 세상에 어떤 학문과 이야기가 존재하고 누가 잘하는지를 아는 사람이다.

강의 시간에 들은 수많은 인물과 저서, 그리고 학문의 발전방향을 살피면서 다이어그램diagram을 그리고 자신이 읽었던 책과 아는 내용을 대입시키며 필기하자. 자신이 알고 있는 것은 지극히 제한적이고, 알아야 할 것은 너무나 많다는 것을 확인할 수 있다. 훌륭한 강의를 하는 교수님은 10년 후 훌륭한 제자를 양성해 내고, 강좌를 들었던 이들은 다시 강단에 선다. 가르치고 배우는 사람들의 이너서클에 들어가서 학문하는 태도를 익힌다. 한국의 중요한 지식인들 사이에서 성장한 당신은 10년 후 여전히 중요한 지식인 이너서클에 있을 가능성이 높다. 그리고 그들이 바로 미래에 좋은 책을 엮을 주역들이다.

해외문학 분야라면 외국어 실력은 필수

편집자가 전문 번역인 수준의 외국어 능력을 지닐 필요는 없다. 하지만 해외문학 담당이 되고자 한다면 외국어 능력은 필수다. 해외문학은 판권의 구매가 핵심이다. 번역은 못 하더라도 영문소설 정도는 사전을 찾아가며 읽을 수 있어야 한다. 초판본이 공개되자마자 〈아마존〉에서 바로 읽고 선별하는 능력을 지녀야 한다. 물론 대형출판사의 경우 에이전시를 통해 자료를 받아 아마존에서 베스트셀러가 된 작품을 한국에 들여온다. 하지만 중소형 출판사는 이 경우 역시 판권을 살 수 있는 좋은 작품과 작가를 선별하는 것 자체가 경쟁력이 된다.

나 홀로 출판하는 사람들
① 자서전

2009년에 《평화를 사랑하는 세계인으로》이란 자서전이 나왔다. 출판계에서도 뜨거운 이슈였고, 개신교계에서도 말이 많았다. 저자가 당시 통일교[10] 문선명 총재였기 때문이다. 이 책의 출판사는 김영사다. 책은 출판 직후 바로 베스트셀러가 되었는데, 출판계에서 이슈가 된 이유는 바로 신도의 숫자였다. 한국의 신도 수만 해도 150만 명이 넘는다는 소문이 있었기에 100만 부가 몇 일만에 넘을까 하는 예측이 난무했다.

대우그룹 김우중 전 회장의 《세계는 넓고 할 일은 많다》는 1989년에 출판돼 국내 출판사상 최단기간에 가장 많이 팔린 책으로 기록

---

10) 통일교의 현재 명칭은 '세계평화통일가정연합'이다.

되었다. 2000년도면 대우그룹이 해체되고 김 회장이 인터폴 적색 수배를 받으며 국외 도피 중이었음에도 책은 계속 나가 141쇄, 137 만 부의 판매량을 기록하고 있었다. 이 책 역시 김영사에서 나왔다. 사람들은 사회와 역사에 굵은 영향을 미친 이들의 사상과 생애를 알고 싶어 한다. 그들은 필부匹夫가 아니고 그룹의 최고지도자였기에 삶은 단편만 공개되어 있다. 대통령과 같은 최고 리더의 인물도 마찬가지다. TV나 기사로는 많이 접하지만 그 외의 대부분은 장막 안에 있어 책으로 출간되면 수십만 부 팔리는 건 어쩌면 당연한지도 모른다.

첫 책으로 부모님 자서전이 매력적인 이유

당신이 아직 책을 내지 않은 아마추어 작가라면 필자는 부모님 자서전이 생애 첫 책이 되었으면 좋겠다. 그리고 당신이 환갑을 넘어 새로운 삶을 기획하고 고민하고 있다면 자서전을 쓰라고 권하겠다. 자녀가 부모님의 자서전을 쓰는 것과 자신의 자서전을 쓰는 것의 원리는 같다. 다만 이 글에선 자녀가 부모님의 자서전을 만드는 상황을 가정한다. 자식으로서 부모의 삶을 기록하는 건 매우 특별한 작업이다. 자녀는 부모가 자신과 함께 보낸 집에서의 삶, 그것도 일부만 겨우 알 수 있을 뿐이다. 아버지, 어머니가 아니라 한 남성과 여성의 삶을 기록하는 것만으로도 부모님을 온전하고 독립된 자아로 새롭게 인식하게 된다. 그 기록이 마침내 한 권의 책으로 나왔을 때 그것이 어찌 기록물의 가치만 있을 것인가.

첫 책을 상업적 성공을 목표로 하지 않고 그 가치에 마음을 쏟아 출판하는 건 행복한 체험이다. 소량의 자서전이기에 재정적인 부담도 적을 것이고 무엇보다 가족 친지의 반응을 확인하는 것도 큰 힘이 된다. 글을 쓰다보면 결국 자서전의 힘은 문장력이 아니라 '사연 그 자체'라는 것을 느끼게 된다. 삶을 견딘 힘이 자서전의 필력으로 작동하는 신비한 체험을 하게 될 것이다. 이후 글쓰기에서도 관념적 생각보다 현실의 실물과 객관의 사건을 우선하고 여기서 단서를 얻는 창작습관은 큰 도움이 될 것이다.

자서전, 회고록, 평전의 구분

자서전은 저자가 직접 쓰거나 구술을 통해 완성되는 주관적 기록이다. 평전은 대상이 죽은 후에 제3자가 각종 자료와 주변인의 회고를 모아 만든 기록이다. 그렇다고 평전이 좀 더 객관적이고 자서전은 주관적이라고 단정하긴 어렵다. 평전 역시 누가 썼는가에 따라 달리 기록한다. 자신이 쓴 자서전엔 현실의 욕망이 개입하고, 죽은 이에 대한 타인의 기록은 그를 추모하는 진영의 욕망이 개입하기 마련이다. '기획'과 '편집'은 그 자체로 주관적이다.

회고록은 자서전보다는 조금 넓은 개념이다. 자서전이 주로 자신의 삶에 대한 기록이라면, 회고록은 특별한 사건과 인물에 대한 회상까지도 담기 때문이다. 어떤 이는 자서전은 자신이 직접 집필한 경우에만 인정해야 하고, 회고록은 구술을 통해 대필 작가가 써도 무방하다고 주장하지만 보편적인 개념은 아니다. 자서전에도 편집인이나 작가의 이름을 넣고, 구술을 통한 타인의 기록 또한 논픽션nonfiction이기 때문이다. 서書의 개념을 "직접 쓰다"로만 규정하면 세상 대부분의 자서전은 사라져야 한다. 쓰기書의 본질은 말言이고, 자서전의 본질은 회고回顧이기 때문이다. 유려한 문장이나 문체로 생애가 빛날 순 없다. 자서전을 쓸 때 참고하면 좋은 사항을 일러둔다.

부모님이 멀리 떨어져 계신다면 집에 갈 때마다 오랜 시간 인터뷰하고, 그렇지 않으면 일주일에 두어 번 집중하는 것이 좋다. 질문지를 준비하고, 인터뷰할 땐 사진도 곁들여 가며 이야기를 들으면 더욱 풍성해진다. 이야기는 연상을 잘할 수 있는 순서대로 구성하는 것이 좋다. 특정 사건과 시대에 등장하는 인물들이 있기에 회고의 흐름이 끊기지 않고 새로운 기억을 되살릴 수도 있다. 물론 반드시 자서전 형식으로 해야 하는 건 아니다. '평전'의 형식으로 자녀가 화자가 될 수 있다. 이 경우 저자가 자녀 자신이기에 문장이나 형식, 주관적 느낌 등도 더 많이 집어넣을 수 있는 장점이 있다. 좋은 글솜씨를 가졌거든 이것도 좋은 선물이다.

① 자서전 작업은 들었던 말을 또 듣는 작업이다

어르신(이후 저자)들은 이미 한 말을 또 하고, 엉뚱한 지점에서 다시 했던 말을 반복하기도 한다. 추억하는 습관이 원래 그렇다. 휴대폰 녹음장치를 켜고 그저 눈을 껌벅거리면서 추임새를 넣어주는 것이 자식의 몫이다. 이야기가 지나치게 반복되면, 다른 질문을 던져 관심을 환기한다. 인터뷰하면서 노트북을 꺼내 적을 필요는 없다. 누군가 자신의 이야기를 빠른 손으로 받아 적는 걸 좋아하는 분도 있지만, 어떤 이는 경찰서에서 취조당하는 기분이라고 말하기도 한다.

② 담백한 문체로 저자가 말하는 듯 써라

자서전에서는 문장 솜씨를 굳이 뽐낼 필요가 없다. 아무리 자식이 대필한 것이라 할지라도 형식이 내용을 흐리게 할 수 있다. 그저 독자들이 호기심을 느끼고 사연 속에 깊이 들어갈 수 있도록 하면 된다. 특정 부분은 공을 들여 섬세한 스케치를 하듯 쓰는 것이 좋다. 어릴 적 고향 어머니의 저녁밥 짓던 모습, 한국전쟁 피난 때 겪은 일, 아내(어머니)를 만났을 때, 첫 아이를 가졌을 때, 군에서 휴가 나왔을 때 등 인생에서 중요한 기억은 그만큼 가치를 두고 집중해서 쓰고 되물어 현장감을 살리자.

③ 흐려진 기억은 되묻는다

자서전은 저자의 기억을 토대로 한다. 자서전은 백서白書가 아니다. 하지만 명백하고 중요한 기억의 실수는 바로 잡는 것이 좋다. 가령 저자의 할아버지가 돌아가신 시점과 배경, 문중 어른들의 이름과 선산의 지명, 누구나 알고 있는 역사적 사건의 선후관계가 대표적이다. 구술할 땐 별 것 아니라 생각할 수 있지만, 출판된 책이 친족에게 지적받으면 오랜 시간 마음 고생할 수도 있다. 도저히 창피해서 책을 돌리지 못할 것 같으니 스티커 작업이라도 해달라는 저자도 있다.

④ 이야기 구성은 다채로울수록 좋다

일반적으로는 어린 시절부터 현재까지 연대기 방식으로 구성하지만, 이렇게만 구성하면 어떤 부분은 지나치게 세밀하고, 기억이 흐려진 부분은 십 년을 건너뛰기도 한다. 이럴 땐 중요한 사건이나 사람 자체를 하나의 꼭지로 구성해 에세이를 쓰듯 회고담을 구성하면 읽는 맛이 있다.

⑤ 사람에 대해선 관대하게 써라

사기를 치고 달아난 사람, 회사에서 자신을 모질게 내친 사람에 대한 미움이 아직도 남아 있을 수 있다. 가깝게는 어머니의 회고 중 아버지가 "청자다방 미스 김과 바람피웠다."며 〈이제는 말할 수 있다〉 식의 이야기가 이어질 수도 있다. 이런 건 받아 적되 최종 검토 단계에선 웬만하면 다 빼는 것이 좋다. 자서전이 분란의 씨앗이 되면 출간하지 않는 것만 못하다.

⑥ 자서전은 위인전이 아니다

앞서 담백하게 서술하라고 했는데, 자기자랑을 담백하게 하는 저자들도 많다. 독자는 성공담보다는 나와 비슷한 시대 같은 고난을 견뎠다는 이야기가 더 흥미롭다. 특히 누구도 몰랐던 비밀의 정원이 열리는 대목을 고대하는 동료도 많다. 이 점은 저자에게 사전에 설명하는 것이 좋다.

⑦ 사진을 통한 회고로 더 촘촘한 글이 완성된다

저자와 사진을 함께 보면서 책에 들어갈 사진을 선별한다. 잘 나온 인물사진이 중요한 것이 아니라 당시 시대상과 인물, 장소가 잘 드러난 사진이 좋다. 사진을 보며 지명과 등장인물, 연도, 경위 등을 물어 포스트잇 등으로 사진 뒷면에 붙여 놓으면 작업하기 편하다. 그중 좋은 사진 몇 장을 디지털로 재인화해서 선물로 드리는 건 어떨까.

딱 맞춤한 부수만큼만 인쇄하고 자식끼리 돈은 모으자

오래전 필자가 지인의 소개로 중소기업 대표의 자서전 윤문을 했던 적이 있다. 그는 나에게 두툼한 원고를 내밀었다. 원고에는 일기와 수기는 물론 자신이 지금까지 창작했던 시와 노랫말까지 들어가 분량이 만만치 않았다. "몇 부를 출판하실 겁니까?"라고 물으니 3,000부란다. 베스트셀러까진 아니어도 입소문을 타면 눈물 흘리고 볼 사람들 많을 것이라나. 필자의 만류에도 그는 3,000부를 찍었고, 대부분은 직원과 지인에게 선물로 주고 책 2,700부는 결국 출판사에서 인수 받아 서재에 쌓아놓았다. 오랜만에 만난 그는 성의 없는 작은 출판사에서 책을 내는 것이 아니었다며 후회했다. 당연히 출판사의 문제는 아니다.

자서전을 받을 이들의 명단과 주소를 추리는 것도 꽤 분주한 일이다. 주소는 이후 천천히 확인하더라도 누구에게 보낼지는 미리 타산打算하자. 인쇄부수는 딱 맞춤한 정도로만 하고, 자녀가 기금을 모아서 출판하는 것도 의미 있는 일이다.

나 홀로 출판하는 사람들
② 에세이

　에세이essay만큼 개방적이며 유연한 장르가 없다. 논픽션 장르 중 생활과 생각, 경험을 다룬 산문이 다 에세이가 될 수 있기 때문이다. 고정된 형식이 없어서 다양하고, 그만큼 많은 저자가 에세이를 낸다. 필자가 처음 출간한 책[11] 역시 에세이였다. 여행기나 자서전도 에세이이다. 다만 지금은 조금 더 세분해서 부를 뿐이다. 장르가 다양해지고 사람들의 사랑을 받으면 없던 범주(이름)도 생기기 마련이다. 게다가 에세이가 논픽션(비허구적 이야기)이라는 규정도 이제는 큰 의미가 없다. 죽은 나방의 눈을 주시하고 있는 고양이의 모습에서 꿈과 전설, 상상을 넘나들며 이야기가 번지는 에세이도 있다.

---

11) 이훈희, 《우리 결혼해요》, 푸른쉼표(2019).

반대로 흥미로운 소설로 보이지만 실제론 실화를 탐사해 쓴 에세이도 있다. 《깃털 도둑; 아름다움과 집착, 그리고 세기의 자연사 도둑》[12]은 영국 자연사박물관에 침입해 값비싼 보물이 아닌 새 가죽(깃털)을 훔쳐간 19세 플루트 연주자를 추적하는 과정을 담았다. "2018년 아마존 최고의 논픽션"이라는 타이틀은 결코 과장이 아니었다. 추적 과정에서 만나는 독특한 직업의 사람과 이에 얽힌 인문학적 지식은 이 글이 에세이라는 걸 잊게 한다. 아니 논픽션이라는 것을 알고 있기에 더욱 놀라는 작품이다.

우리나라에선 직장인과 젊은 주부의 일상과 고민을 담은 에세이가 많다. '치유에세이'가 대세라서 그런 것일까. 아직까진 에세이가 실생활에 연루된 고민이어야 한다는 고정관념이 있는 것 같다. 그리고 엄연히 에세이도 문학이지만, 그 경계를 유지하려는 문단의 의지도 강하다. 인기 소설가가 문장에 공을 들인 문학적 에세이는 '산문집'으로 분류하고, 일반인이 자신의 경험을 담은 글을 내면 '에세이'로 분류하는 곳도 있다. '산문집' 역시 소설, 여행기, 수필 등의 산문작품을 엮어낸 책이라는 뜻에 불과하다. 즉 에세이는 예술성과 치열한 작가정신이 결여되었다고 한 수 깔고 보는 시선이 있다는 말이다.

한국의 단편소설은 구성이 단단하고 갈등구조 역시 날카로워 해

---

12) 커크 월리스 존슨. 박선영 역. 《깃털 도둑》. 흐름출판(2019).

외 비평가들은 비영어권이라는 제약만 없었으면 노벨 문학상을 몇 명은 수상했을 것이라고 한다. 반대로 에세이에 대한 문단의 태도는 약간 싸늘하다. 에세이는 가벼운 대중서일 뿐 순문학과는 거리가 멀다고 이야기하기도 한다. 애초 '순문학'이라는 용어가 '상업문학, 대중문학'과 대비하기 위해 탄생한 것이다. 미학적 완성도와 저자의 작품 태도를 강조하기에 고립적이라는 비판도 있지만, 치열한 작가정신을 유지하고자 하는 문단의 태도도 이해된다. 하지만 뛰어난 문학성과 철학, 거기에 독특한 문장까지 더해진 에세이가 없지 않고, 앞으로도 더 많이 나올 것이다. 이참에 필자가 바라는 에세이 쓰기를 정리하고 싶다. 내용은 필자의 취향과 견해가 반영된 것일 뿐이다.

나르시시즘(narcissism)은 얼마나 공감을 불러올까

물에 비친 자신의 모습에 반한 나머지 물에 뛰어들어 죽었다는 나르키소스Narcissos[13]. 다른 버전으론 물가에 누워 자신의 모습을 하염없이 보다가 야위어 죽었다는 이야기가 있다. 전반부에서 필자는 책의 효능에 대해 다뤘다. "독자에게 무엇을 줄 것인가?"는 가벼운 에세이에서도 중요한 가치다. 최근엔 자신의 삶을 자서전이 아닌 에세이로 출판하는 이들도 많다. 여기서 필자는 자기연민이 가

---

13) 그리스 신화에 나오는 미소년. 에코(Echo)의 사랑을 받아들이지 않았다고 하여 네메시스(Nemesis)에게 벌을 받아, 호수에 비친 자기 모습을 사랑하여 그리워하다가 빠져 죽어 수선화가 되었다고 한다.

득한 두 종류의 글을 본다. 하나는 "고난을 극복한 자신의 역사를 간증하며 당신도 이렇게 하라."는 글, 또는 "자신이 매일 돌가루처럼 부서지는 고통 속에서 살고 있는데 당신도 그렇지요?"라고 말을 하는 글. 자기연민이 강한 이들은 자신의 세계에 타인이 공감할 것이라 예단한다. "나"라는 1인칭 세계에서만 오래 살아 "내가 곧 역사"라는 세계관으로 무장한다. 이 경우 주관성 강한 채근담으로 이어지거나 가여운 공쥐 이야기로 전락한다. 우리가 생각해야 할 문제는 이런 것이다. "이 이야기는 나만의 것일까 많은 이들의 것일까?" "보편적 삶을 과장한 책이 독자의 공감을 불러올까?"

새로운 메시지를 던지는 에세이가 반향을 일으킨다. 과거의 우린 성공신화를 쫓아야 했고 현실의 나는 패배자다. 이른바 공포마케팅이다. 지금 바꾸지 않으면 미래도 없다는 식의 에세이와 자기계발서가 봇물이 터지듯 했다. 이런 통념에 대한 반전이 "왜 그렇게 살아야 하는데?"라는 것이었고, 연이어 "이대로도 괜찮아." 그리고 더 나아가 심각한 우울증에 시달려도 "떡볶이는 먹고 싶다."로 이어졌다. 자세히 살펴보면 사회적 통념과의 심각한 갈등을 담고 있다. 직장인, 경력단절 여성과 은퇴 연령이 겪는 자괴감 담긴 일상은 그 자체로는 좋은 '스토리'가 되기 어렵다. 당신의 책이 범람하다 증발하는 흔한 에세이가 아니었으면 좋겠다.

포착한 것을 메모하고 확장하라

만약 간단한 형식의 일기를 쓰고 있다면 자신의 일기장을 펼쳐 출판의 소재가 될 법한 것들을 찾아보라. 단순히 일상의 기록을 담았다면 여기서 건질 소재가 별로 없을 것이고, 하루 중 가장 인상적인 장면을 다뤘다면 뜻밖에 참신한 소재가 많을 것이다. 가수 아이유가 한 대담 프로그램에 나와 곡의 노랫말을 만드는 과정을 밝혔다. 소설가 김중혁과의 대화가 흥미롭다.

아이유   일기에 산문으로 풀어놓고, 그때그때 핸드폰에도 산문으로 써놓은 다음에 거기에 맞는 곡이 떠오르면 글을 깎아내고 붙이는 방식이에요. 일기가 저에겐 가장 큰 원천이에요.

김중혁   저도 옛날에 글 쓸 때, 산문 같은 걸 쓰면 옛날에 메모했던 걸 보거든요. 그럴 때마다 무슨 생각이 드냐면 내가 옛날의 나를 착취하고 있구나…….

아이유   (반가운 표정으로) 맞아요. 과거의 나야 너무 고마워, 이런……(웃음).

김중혁   맞아요. 한 인간이 열일곱 살이 있고 스물여섯 살이 있다면 같은 인간인가? 인간은 연속적인 자아가 아니라 단속적인 자아인 것 같아요. 그래서 끊어져 있는 것을 보면 건질 것이 많아요.[14]

---

14) KBS2. 〈대화의 희열〉 8회. 2018. 10. 27.

메모가 단상을 포착하는 과정이라면, 집에 돌아와 쓰는 산문(일기)은 단상을 확장해 의미를 부여하는 과정이 된다. 그래서 일기라기보다는 '수상문隨想文'[15)에 가까운 글이라 할 수 있다.

사람과 사물을 세밀하게 관찰하고 오래 생각하라

에세이만큼 저자의 시고방식과 세계관이 잘 드러나는 작품이 있을까. 심지어 에세이의 한 꼭지만 읽어도 저자의 호흡과 생각의 패러다임을 읽을 수 있다. 두 문단을 읽고 마지막 문단을 읽었을 때 어김없이 1차원적인 결론으로 이어진다면 실망스럽다. 늦은 가을 시골 마을을 걷다 감나무에 매달린 까치밥을 보고 할머니를 연상하고, 베풂과 연민의 기억을 떠올리는 방식이 바로 그것이다. 1차원적 이야기에는 반전이 없고 반전이 없기에 긴장도 없다. 그만큼 생각과 철학이 익지 않은 글이라는 뜻이다. 하지만 냇가에 앉은 사내가 물에 젖은 돌을 꺼내 하나씩 뒤집어 말리는 모습을 보며 그 돌이 생애 처음 볕을 받는 사람의 얼굴이라는 생각이 들면, 의미는 확장된다. 필자는 생각을 다듬어 문장을 닦는 훈련을 하는 사람에게 시 쓰기 훈련을 권하곤 한다. 좋은 산문은 시를 닮아가고, 좋은 시는 산문으로 전환해도 훌륭하다. 시 창작을 할 때 이미지를 확장시키는 훈련을 통해서도 사유思惟를 더 단단히 매듭지을 수 있다.

---

15) 일정한 계통(系統)이 없이 그때그때 떠오르는 생각이나 느낌을 기록(記錄)한 글.

독자는 이제 다른 이야기를 듣고 싶어 할지도 모른다

최근 에세이 경향은 깔끔한 문장으로 생각할 것을 던져주거나 달콤한 이야기로 밤의 여심을 저격하는 글, 주류에서 배제된 삶을 토닥거리거나 주류의 메시지를 희화하는 소재가 대부분이다. 서구의 문인들이 한국 책에서 발견한 놀라움 중 하나는 바로 '집단성(공동체주의)'이라는 가치가 소재에서 빠지지 않는다는 것이라고 한다. 그만큼 다양하고 개별적인 이야기가 드물다는 것이다. 해외 산문집은 단순하면서도 특정소재에 대한 '집착'에 가까운 이야기를 풀어놓는 경우가 많다. 그만큼 다양하다. 더 솔직하게 접근하면 도발적이고 흥미로운 소재가 많을 것 같다.

모로코 출신의 프랑스 문인 다니엘 페낙Daniel Pennac의 《학교의 슬픔》[16]은 교실에서 열등생만이 느낄 수 있는 감정과 학교의 사연을 무척이나 코믹하게 다룬 자전적 에세이다. 실제 그는 엄청난 열등생이었고 교사가 되어 다시 정반대의 위치에서 학생과 학부모, 교실을 바라보는 이야기다. 이 책이 교훈적이거나 사회비판적, 혹은 정책형 담론이었다면 큰 인기를 얻진 못했을 것이다. 모든 꼭지마다 유머가 녹아있고 결론도 없는 이야기가 대부분이다. 그래서 이 책은 재미있고 생각할 여지를 준다. 자신의 수집벽, 여인에게 20번 차인 이야기, 맛에 관한 이야기, 연애편지 대필의 기록, 라면 전쟁의 역사 등. 늘 맞고 다니다 무술을 연마하며 더 맞은 이야기는 어떨까.

---

16) 다니엘 페낙. 윤정임 역. 《학교의 슬픔》. 문학동네(2014).

독특한 사연에서 출발해 생각을 확장시킨 좁고 전문적인 이야기들 말이다.

전자책 시장과
출판의 미래

    매년 책장을 보며 자신의 독서 이력과 영혼의 무게를 가늠하곤 한다는 사람들이 있다. 이들은 서적을 구입하는 데에만 1년에 100만 원을 쓰는 걸 아까워하지 않는다. 출판시장을 지탱시켜주는 기둥이다. 이들은 손에 쥐어 쥐는 책의 실물감을 좋아한다. 가벼운 책은 흔들리는 지하철에서도 한 손에 쏙 들어가서, 무거운 책은 무게만큼 지식도 들어있을 것으로 생각해 그 촉감이 주는 모든 것을 사랑한다.

    하지만 출판은 환경파괴이며, 특히 독자가 읽지 않아 폐기될 책을 출판하는 것이야말로 지구에 대한 범죄라고 믿는 이들도 있다. 소개팅 자리에서 만난 매력적인 이성이 "책 읽는 게 취미고, 갓 찍어낸 책장의 산뜻한 나뭇결과 잉크 냄새가 너무 좋다."는 말을 하면 눈빛을 바꿔 "그 새 책 냄새가 멀쩡하던 나무를 슬라이스로 썰어 가공한 사체 냄새라고는 생각해보지 않으셨나 보네요."라며 쏘아붙인다. 이들은 《정조대왕 화성행차 도록》, 《외규장각 의궤》와 같은 가치 있는 책 아닌 다음에야 응당 전자책으로 만들어져야 한다고 믿는다. 수년 전, 한 출판사 직원은 더 이상 책 주문이 없어 파쇄공장에 넘겨야만 하는 '책 무덤' 위에 스프레이로 마지막 인사말을 써서 SNS에 올렸다. "나무야 미안해."

전자책의 강점

환경문제 대한 우려 때문만이 아니라 종이책을 출판해 전자책[17]으로 업로드 하는 경향은 뚜렷해지고 있다. 한국이 IT 강국이지만 전자책 시장은 미국에 비해 많이 뒤처져 있다. 국내 전자책 플랫폼 회사들은 서적 소비자의 5% 정도만 전자책을 상용하고 있다고 추산한다. 미국은 2007년 전자상거래회사 아마존Amazon.com이 전자책 리더기 '킨들Kindle'을 출시하면서 지금은 거의 모든 책이 종이책과 전자책이 함께 나온다. 연이어 킨들 앱(애플리케이션)도 출시해 스마트폰에서도 전자책을 편리하게 볼 수 있게 했다. 전자책은 미국 서적 판매량의 30%를 점유하고 있다. 국내에서도 전자책을 애용하는 독자들이 20, 30대 중심으로 늘고 있지만 아직은 제한적이다.

---

17) 전자책은 '책'이 아니라 디지털 콘텐츠라서 전자도서, 내지는 디지털 텍스트라고 불러야 한다는 주장이 있다. 하지만 국립국어원의 국어사전 표제어에 등재된 지 오래되었기에 필자는 '전자책'으로 쓴다.

저자와 출판사 입장에선 전자책을 마다할 이유가 없다. 출판비가 거의 들지 않고, 인터넷 플랫폼 수수료를 제외하면 유통비 또한 없다. 종이책에 비해 10~35% 저렴한 가격이긴 하지만 제작에 든 것이 없으니 상대적 수익과 인세 또한 많다. 무엇보다 재고가 없으니 물류비용으로 나갈 돈도 없다.

전자책을 좋아하는 이들의 이유가 합리적이다. 책 수천 권이 200g의 태블릿 PC에 모두 들어가는데 종이책 한 권의 중량이다. 클릭 몇 번이면 책을 살 수 있고, 모르는 단어를 체크하면 그 의미와 연관 정보가 뜨니 학습에도 도움이 된다. 최대 강점은 검색 기능이다. 종이책은 메모장을 붙여놓는 등 표시를 해도 좋은 문장을 다시 찾으려면 품이 드는데, 전자책은 단어를 입력하면 금방 검색된다. 영문 원서를 기초로 논문작업이나 원고작업을 하는 사람이라면 전자책의 검색 기능이 색인 작업에 얼마나 큰 도움이 되는지 체감했을 것이다. 전자책 리더기를 껐다 다시 켜면 최근 읽은 지점으로 안내한다. '음성읽기' 기능도 압권이다. 미국에서 시각장애인을 위한 최고의 선물로 추천된 이유가 여기 있다.

전자책의 단점

단점도 있다. 실물감이 없으니 책장을 넘기는 쾌감이 없고, 메모가 불편하다. 복제방지 기술 때문에 '인용문구' 등을 복사해 옮기기 쉽지 않다. 무엇보다 중고시장이 없다. 종이책은 중고시장에 팔수도 있고 저렴한 가격에 중고 책을 구매할 수 있지만 전자책은 판권이 종료되면 사라진다. 전자책에 적용하는 타이포의 단조로움, 특히 그림책의 경우 종이책에서 느끼는 재미를 구현하지 못한다. 또한 업체가 망하거나 서비스가 종료되면 피해를 복구할 방법이 없다. 대표적으로 국내의 모든 전자책 프로그램을 통합·호환시키겠다며 나왔던 한국 '이퍼브'[18]의 서비스가 회원사의 이탈로 2020년 중단돼 통합뷰어 프로그램인 '크레마Crema'의 사용도 제약되었다. 2020년 4월부터는 전자책을 판매한 유통업체의 프로그램을 설치해야 해당 업체의 콘텐츠만을 사용할 수 있게 됐다.

전자책이 종이책을 읽으며 필기하는 전통적인 학습방법과는 달라 학습효과가 떨어진다는 주장도 있다. 디지털 치매Digital Dementia[19]까지는 몰라도 액정을 통한 정보습득 효과가 낮고, 콘텐츠를 언제든 다시 볼 수 있기에 뇌가 독서내용을 굳이 기억하지 않으려 한다고 한다.

전자책 플랫폼의 약진

전자책 시장이 커진다고 기존의 출판사가 타격을 입진 않을 것이다. 전자책을 내는 출판사 96.3%는 동일한 종의 종이책을 출판

---

18) 예스24, 알라딘, 반디앤루니스, 나남, 북이십일, 한길사 등의 주요 국내 서점들과 중앙일보 등 11개가 공동 출자하여 만든 기업.
19) 스마트폰 등의 디지털 기기에 지나치게 의존한 나머지 기억력과 계산 능력이 크게 떨어지는 상태를 의미한다.

하고 있다. 미국의 경우 전자책 판매량이 폭증하다 2015년 다시 종이책이 추월했고, 한국은 2010년 국내 최대의 전자책 판매 플랫폼 회사였던 〈북토피아〉의 부도로 전자책이 사양 산업이었다. 무리한 사업 확장에 전자책의 낮은 수익성이 발목을 잡은 것이다. 하지만 이제 전자책 출시는 영화가 넷플릭스Netflix와 같은 OTT[20] 스트리밍 서비스에서 공급되는 것과 같이 움직일 수 없는 흐름이 되었다. 《2019 출판산업 실태조사》[21]에 따르면 2018년 전자책 산업의 매출은 23.2%, 종업원 수도 32.6% 늘었다. 전자책 출판도 한다고 응답한 출판사는 32.8%였는데, 규모가 큰 출판사일수록 전자책 출판을 선호했고 전집全集을 전자책으로 출판하는 비율이 가장 높았다.

전자책이 종이책에 비해 25%가량 저렴하니까 출판사의 이익이 줄지 않을까 생각할 수 있는데, 그렇진 않다. 전자책만 별도로 만드는 상황이 아니라면 제작비용은 거의 없다. 다만 판매 수수료가 있는데, 전자책 전문 유통업체를 통해 대형 서점으로 나갈 경우 수수료가 40% 정도고 그 외 플랫폼을 통하면 20% 정도다. 한국이 종이책 대비 70% 정도의 정가에 판매되고 있어 비싸게 보일 수 있는데, 일본이나 미국의 90% 수준에 비하면 싼 가격이다. 전자책 이용자 비율이 전체 독서층의 30% 정도까지 올라오면 수익성은 더욱 개선될 것이다. 최근에는 밀리의서재, 리디북스, 예스24, 교보문고 등은

20) OTT(Over The Top)는 인터넷을 통해 볼 수 있는 TV 서비스.
21) 한국출판문화산업진흥회, 〈2019 출판산업 실태조사—2018년 기준〉(2019).

월정액만 내면 어떤 전자책도 골라 읽을 수 있는 서비스를 개발하여 제공하고 있다.

미래의 책

십여 년 전만 해도 스마트폰이 인류의 생활방식을 이렇게까지 바꿔놓을 것이라 생각한 사람은 많지 않았나. 거대한 세계는 하나의 스마트폰으로 연결되며, 스마트폰은 전 세계의 도서와 박물관 정보를 볼 수 있는 도구가 되었다. 책이 한정된 지면에 인쇄된 텍스트와 그림으로밖에 전달하지 못한다면, 디지털 기호는 노래와 영상, 그림은 물론 목소리와 바람소리까지 전달할 수 있다. 다시 말해 디지털 미디어의 발전에 비한다면 책의 지면에 담을 수 있는 건 너무나 제한적이다. 우린 아직까지 독서량을 전자책이나 종이책을 읽는 것으로 생각한다. 하지만 많은 인류학자들은 여기에 동의하지 않는다. 인터넷의 발전으로 인류는 역대로 가장 많은 독서와 쓰기를 하고 있다고 본다. 즉 영상과 노래, 뉴스와 웹툰도 독서로 이해해야 한다고 믿는 것이다. 중세시대의 출판혁명이 일어났을 때 세상의 노랫말과 민담과 경험은 텍스트로 전환되었지만, 이제는 그 텍스트가 이미지와 오디오, 영상으로 전환되는 시대다. 여전히 독서를 책의 텍스트 읽기로 한정해선 안 된다는 말이다.

실제로 20대 청년들은 전자책을 읽는 것이 더 편하고, 심지어 시를 창작할 때도 스마트폰을 사용한다. 지금은 책을 오디오로 읽어주고 관련 대목에서 소리를 내보내는 수준이지만, 영상과 결합된 형태의 멀티미디어 북은 이미 다양한 형태로 세상에 나오고 있다. 과거엔 여행 책자를 가지고 다녀야 했지만, 앞으론 영상과 음성이 조합되어 길 안내와 먹거리, 사료와 주변정보를 엮은 전자책이 큰 흐름으로 정착될 것이다. 문화부 장관을 지낸 문학평론가 이어령 교수는 종이책과 전자책의 관계를 '월인천강지곡'에 비유한다. 천千의 강물에 어리는 달빛이라는 뜻인데, 이 천의 강을 비춘다는 말이 종이책과 전자책과의 관계에 들어맞는다는 말이다. 천개의 강이 바로 전자책E-BOOK이라면, 단 하나의 달은 종이책이다. 종이책이 근원적인 텍스트라면 미디어는 이를 수천수만 가지 형태로 구현하는 도구가 될 것이라는 뜻이다. "종이책 자체가 가진 능력과 효용성은 영원히 남는다."[22]는 그의 주장은 설득력 있다. 종이책은 그 실물감과 원형이라는 습관 때문에 남겠지만 출판시장은 '미디어 북'으로 이동할 것이다. 인류의 노래와 벽화, 이야기가 책으로 만들어져 유통된 기간은 과거 400년간이다. 이제 책의 텍스트가 노래와 이미지, 사람의 언어로 전환되는 시대를 맞이하고 있는 것이다.

22) tvN, 2020. 12. 13. 〈책의 운명, 1부 종이책의 미래〉.

전자책으로
월수입 100만 원?

    최근엔 '전자책 출판'을 부업으로 독려하는 사람이 많다. 이들은 전자책 출판으로 월수입 100만 원이 넘었다며, 자기계발도 하고 수익도 얻는데 이보다 좋을 수 없다고 홍보한다. 전자책만 출판해 돈을 벌 수 있다면 이보다 매력적인 아이템도 없을 것이다. 전자책은 디자이너들이 많이 사용하는 '인디자인Adobe InDesign' 프로그램이 아닌 '한컴 오피스'나 'MS 파워포인트로'도 제작이 가능하다. PDF 파일을 플랫폼에 보내 등록하면 끝이다. 전자책의 특성상 디자인에 대한 요구(눈높이)가 높지도 않다. 재고가 없으니 적자 볼 일도 없다. 실제로 전자책만 전문으로 제작하는 1인 출판사가 늘고 있고, 자신의 첫 책을 전자책으로만 내는 저자들도 많다. 대형 온라인 서점이 아니더라도 앞서 언급했던 PODPublish On Demand 출판 플랫폼 '부크크'에서도 전자책 판매를 하고 대형서점에서도 유통이 된다.

온라인 프리랜서 마켓인 '크몽'[23]도 기술서적을 간단한 PDF 파일로 유통하며 '리디북스'나 '유페이퍼'의 진입장벽도 그리 높지 않은 편이다.

그런데 단지 종이책 출판의 진입장벽이 높아 전자책으로 출간하려고 한다면 몇 가지 고려할 점이 있다. 가령 전자책의 정가가 8,000원인데 6개월간 100부가 팔렸다 치자. 인세 20%를 적용하면 1,600원×100부=160,000원이다. "설마 내 책이 그 정도밖에 안 팔릴까." 라고 생각할 수 있지만 대부분이 그렇다. 종이책과 함께 나오지 않은, 순수 전자책 콘텐츠의 경우 특정 장르로 만족감을 주지 못한다면 독자가 구매욕을 느끼지 못하고 있다는 점이다. 만화, 웹툰, 로맨스, 판타지, SF, 무협소설과 같은 연성 장르가 많이 나가는데, 가장 뜨거운 장르가 19금 에로물이다. 교보문고나 예스24 등의 대형서점이 전자책 분류를 일반, 로맨스, BL[24], 판타지, 무협, 코믹스, 오디오북, 웹 소설, 학술논문으로 장르를 구분한 이유가 여기에 있다. 전자책으로만 나온 콘텐츠에 대한 수요를 반영한 것이다.

《2019 출판산업 실태조사》에 따르면 전자책의 분야별 매출 규모는 웹 소설이 1,354억 원(50.1%), 장르문학(로맨스, 판타지, 무협)이 812억 원(30.1%), 일반분야 535억 원(19.8%)이었다. 웹 소설이 전

---

23) 크몽(www.kmong.com). 비교적 저렴한 가격으로 디자인, IT 프로그래밍, 마케팅, 번역, 글쓰기 등의 전문 프리랜서와 자영업자를 연결하는 플랫폼.
24) BL(Boy's Love)은 소년 간의 사랑을 소재로 한 여성향 만화, 소설, 게임 등의 장르.

년도 보다 36.1%로 성장해 가장 많이 증가했다. [25) 우리나라 독자들은 아직까진 특정 장르의 전자책을 주로 소비하고 있다.

종이책 시장의 경쟁은 전자책 시장으로 복제된다

2020년 11월 3주차 예스24 전자책 베스트셀러는《트렌드 코리아 2021》,《피할 수 없는 거짓말》,《어떻게 말해줘야 할까》,《우리의 정류장과 필사의 밤》,《달러구트 꿈 백화점》순이었다. 그렇다면 종이책 베스트셀러는 어땠을까.《어떻게 말해줘야 할까》,《트렌드 코리아 2021》,《달러구트 꿈 백화점》,《나의 하루는 4시 30분에 시작된다》였다. 전자책에서《우리의 정류장과 필사의 밤》이 베스트셀러로 오른 이유는 이 책이 5,000원 페이백 이벤트를 하고 있었기 때문이다. 모두 종이책을 전자책으로 낸 것들이다.

전자책을 내는 출판사 중 종이책을 기반으로 한 출판사가 93.6%, 전자책만을 전문으로 하는 출판사는 불과 6.4%에 불과하다. 전자책의 매출 순위 역시 출판사 매출규모에 비례했다. 대형 서점일수록 전자책으로 인한 매출이 높았다. 전자책 시장은 결국 종이책 시장이 복제된 것이다. 다만 6.4%가량의 틈새시장에 전자책 전문 출판사가 있다. 조사에 응한 출판사의 매출 중 전자책의 비중은 평균 3.8%에 불과했다. [26) 특정 장르가 아니라면 종이책 시장의 경쟁은

25) 한국출판문화산업진흥원, 〈2019 출판산업 실태조사〉(2019).
26) 위의 자료.

전자책 시장으로 복제된다.

전자책은 유통비용과 제작비용이 없으니 싼 값에 내놓으면 가격 경쟁력이 있다고 주장하는 이들도 있다. 이런 주장은 콘텐츠 상품의 본질에 대해 잘 몰라서 하는 것이라 생각한다. 《트렌드 코리아 2021》의 종이책 정가는 18,000원, 전자책은 12,600원이었다. 만약 누군가 전자책만 냈다면 가격을 더 내릴 수 있을 것이다. 에세이 분야 전자책(180쪽)을 6,000원에 판매한다면 베스트셀러보다 50%나 더 저렴한 가격이다. 그렇다면 독자들은 가격에 매력을 느끼고 그 책을 구매할까? 그렇진 않을 것이다. 어떤 사람은 세상엔 매우 독특한 0.1%의 독자층이 있어 무슨 책을 내도 1,000부는 팔린다고 주장하는데, 사실 그런 책은 없다.

1890년대에 미국에서 정립된 할인에 대한 '할인에 대한 광고이론'이 있는데, 구매욕이 없는 고객에게 특정 상품에 대한 할인정보를 반복 노출하면 '신용저하'로 이어진다는 것이다. 그래서 의약품은 할인하지 않고 다이어트 상품은 할인을 한다. 책이라면 어떨까? 책은 한 권 한 권이 개별성을 가진 완성품이다. 책이 마음에 든다고 1부 살 것을 20부 사는 사람도 없지만, 책이 조금 비싸다고 자신의 좋아하는 작가의 작품을 포기하는 독자도 드물다. 마찬가지로 구매욕이 없으면 할인한다고 사진 않는다. 할인은 이 책을 구매하기 위해 도서 검색을 한 사람, 즉 구매 의사가 있는 이들에게만 한다. 과거였다면 응당 잘나가는 책은 잘나가서 할인하고, 안 나가는 책은

■ 출판사별 전자책 발행 여부 (단위 : %)

한다
32.8

67.2 →
안 한다

[자료 | 한국출판문화산업진흥원 참고 | 2018년 기준]

■ 국내 출판사 유형

종이책 기반   **93.6**%

전자책 전문   **6.4**%

[자료 | 한국출판문화산업진흥원 참고 | 2018년 기준]

■ 출판산업 매출 비중

출판사   **50.7**%

출판유통사   **46.0**%

전자책   **3.3**%

출처: 한국출판문화산업진흥원, 〈2019 출판산업 실태조사〉

안 나간다는 이유로 덤핑으로 총판에 넘겼다. 하지만 지금은 잘 나가는 책은 양장으로 더 높은 가격으로 팔고, 3권이 나오면 세트 에디션으로 나온다. 웬만큼 팔았다 싶으면 10만 부 판매 기념 에디션 이런 식으로 표지를 바꾸어 다시 나온다. 과거엔 책이 많이 팔리면 싼 값에 읽을 수 있도록 문고판을 출시했지만, 지금 출판계에서 그런 '자비'를 기대하긴 힘들다. 현재 도서정가제는 최대 15%만 할인할 수 있도록 했는데, 가격 할인 10%+마일리지 5%다.

저자들이 전자책에 매력을 느끼는 이유는 바로 진입장벽이 낮다는 것인데, 따라서 수익성과 기회 요인 역시 적을 수밖에 없다. 종이책이 더 많이 팔린다는 말이 아니라, 종이책보다 더 경쟁이 치열한 레드오션이 전자책 시장이라는 것이다. 잘 팔리는 종이책은 전자책으로 나올 때 가격이 종이책의 90% 수준으로 책정된다. 수요가 많은 전자책이라면 굳이 가격을 내릴 필요가 없다는 뜻이기도 한다. 영화관 개봉 중인 화제작이 OTT 시장에서 영화 티켓 값과 동일한 이유다. 전자책에 대한 출판인들의 시선을 엿볼 수 있는 통계가 있다. "전자책 출판시장을 활성화되기 위해 무엇을 개선해야 하나?"라고 물었을 때 장르문학을 다루고 있는 업계에선 "콘텐츠 확대가 필요하다."는 응답이 100%, 일반분야에선 75%의 응답자가 "콘텐츠의 품질 향상이 필요하다."라고 응답했다.[27] 즉, 일반 종이책 단행본을 출판하고 있는 출판사에선 전자책이 말초적인 구매욕만을

---

27) 위의 자료.

자극하는 콘텐츠로 채워지고 있는 것이 문제라고 보는 것이다.

구매력을 갖춘 내용의 전자책 출판

장르문학[28] 분야가 아니라면 전자책 출판에도 전략이 필요하다. 누구에겐 꼭 필요한 책인데 효용 기간이 한정적이고 출판사는 선뜻 계약에 응하지 않을 것 같은 콘텐츠는 응당 전자책으로 나와야 한다. 2020년 11월, 부크크에서 일시적으로 베스트셀러에 뜬 종이책이 있는데 《이정표(경기도 이차시험의 정수를 담은 표준서)》[29]다. 2021학년도 경기도 임용후보자 선정을 위한 시험에 대비하는 내용으로 전문가가 모여 낸 책이다. 1차 시험 합격자가 2,000여 명이니 대상이 분명하고 효용성도 2021년 1월 시험 전까지다. 1차 시험대상자에겐 갈급(渴急)한 내용이고 시험이 끝나면 다시 들춰보지 않을 책일지도 모른다. 주문하면 인쇄하는 부크크의 시스템으로 인해 이 책을 받는데 열흘이 걸릴 수도 있었는데, 이런 책은 응당 전자책으로 나왔으면 좋았을 뻔했다.

대중의 요구는 분명한데 빠른 시류 때문에 책의 내용을 금방 개정해야 할 콘텐츠 역시 전자책에 어울린다. 분량이 많을 필요도 없

---

28) 로맨스, 판타지, BL, 웹 소설, 추리, 무협, SF 등 특정한 경향과 유형에 입각한 문학, 대중의 흥미와 기호를 중시한다는 점에서, 순수 문학이나 본격 문학과 상대되는 대중 문학으로 분류된다.

29) 박아림, 박정석, 최규빈, 탁서연, 김세은. 《이정표(경기도 이차시험의 정수를 담은 표준서)》. 부크크(2020).

다. 유튜브 크리에이터에게 필요한 기술서는 저자가 유튜브에 관련 편집 영상을 올리고, 이에 필요한 설명을 멀티미디어 북으로 발매해도 좋을 것이다. 많은 대학생들이 첫 논문을 쓸 때도 무척 힘들어한다. 논문 작성이 힘들기에 논문 대필 시장도 생긴 것이리라. 지금도 국회도서관에 가면 원문을 다운로드를 할 수 있는 전자파일은 매우 드물고 대부분은 국회도서관에서 복사해야 한다. 필자가 첫 논문을 준비할 때 국회도서관을 몇 번을 갔는지 모르겠다. 이제는 논문 쓰는 방법에 대한 책이 많다. 그런데 학자가 아니라면 매년 논문을 쓰진 않는다. 인생에 단 한 번만 필요한 실용서의 경우 전자책이 더 경쟁력이 있지 않을까. 전문적 내용을 가졌지만, 쓰임새가 한시적이고 정보 또한 몇 년이 지나면 개정해야 하는 콘텐츠라면 말이다.

전자책 플랫폼의 치명적 약점은 바로 확장성이다. 지인 중 수도권에서 꽤 알아주는 부동산 전문 세무사가 있다. 그는 부동산을 매입하거나 양도, 증여, 상속할 때의 절세 방법에 대해선 대한민국에서 몇 손가락 안에 들 정도로 땅 부자들이 알아준다고 한다. 그가 책을 내겠다고 필자를 찾아왔을 때 필자가 물었다.

"이 정부 들어 주택시장 안정화 대책만 수십 차례, 부동산 정책은 1~2개월에 한 건씩 발표돼요. 책이 나오면 또 정책이 바뀔 텐데, 굳이 종이책으로 낼 필요가 있을까요? 전자책으로 내시고 계속 개정판을 내시는 게 좋지 않아요?"

매우 명쾌한 답변이 돌아왔다.

"이봐, 일흔이 넘은 땅 부자가 인터넷으로 전자책을 어떻게 받고, 또 어떻게 읽어? 걱정도 팔자네. 책 내서 팔리면 좋고, 법이 바뀌면 우리 회사에 전화로 문의할테니 이보다 좋은 영업이 어디 있어?"라고.

현장에 밝은 사람이 더 잘 아는 법이다. 우리 주변엔 디지털 환경에 익숙하지 않은 독자들이 의외로 많다.

소셜 펀딩, SNS 연재, 플랫폼 기고도 함께 고려하라

텍스트가 세상에 전달되는 방법은 다양하다. 앞서 '예비독자의 확보'라는 꼭지에서도 언급했듯, 자신의 글을 인터넷, 앱, SNS 등의 다양한 플랫폼을 통해 연재하거나 공모하는 것이 더 좋은 선택일 수도 있다. 책이라는 형태로 당장 출판이 되지 않더라도 당신은 출판 전에 이미 독자를 확보하고 연재물을 팔 수 있기 때문이다. 마케팅 효과도 뛰어나다. SNS에서 이미 호응을 얻은 작품은 필드에서 검증받은 작품이기에 출판사도 호의적일 것이다. 인지도를 얻어 구매자를 확보한 후 출판하는 것이 무작정 책을 낼 때보다 훨씬 유리하다.

2020년 종합 베스트셀러 3위권을 기록한 《달러구트 꿈 백화점》의 사례가 흥미롭다. 저자 이미예는 출판강좌를 듣고 독립출판을 고민해 우선 소설 펀딩에 성공해 작품성에 대한 자신감을 얻었다. 종이 책 출판을 준비하던 그에게 출판사 팩토리나인은 우선 전자책으로 출판해 이 책의 확장성을 검증하자 했고, 그 결과 전자책 플랫폼 '리디북스'에서 베스트셀러에 오르는 기염을 토했다. 이 책 역시 판타지였기에 전자책 출판시장과의 궁합도 좋았던 것이다. 이 책은 독립출판(펀딩) → 출판사 섭외 → 전자책 출판 → 종이책 출판이라는 경로를 겪은 셈이다.

어쩌면 당신이 더 멋진 저자

이 책을 다 읽은 독자의 마음엔 무엇이 남을까. 혹여 큰 결심으로 미래를 준비하던 독자의 발걸음을 더 무겁게 한 건 아닌지 돌아보게 된다. 출판 실무와 관련해선 조금 더 썼어야 하지 않나 하는 생각이 들었지만, 관련된 내용이 인터넷에선 풍부하게 있고 좋은 책도 몇 권 있다. 이 책은 생애 첫 출판을 준비하고 있는 독자나 출판사 창업 또는 출판사 편집인을 준비하는 청년에게 생각할 지점을 주고 현실적인 준비경로를 밝혀주기 위해 썼다. 이 책이 단순 기술서가 되지 않도록 경계한 이유이기도 하다. 출판에서 기술적 요소들은 현장에 발을 담그면 어렵지 않게 습득할 수 있는 것들이다. 기술은 보편적이라 경쟁적 요소가 없다. 하지만 자신만이 가질 수 있는 그 관점과 '다른 생각'은 미래를 결정하는 역량이 된다. 정보의 장벽이 사라지면서 이 독창성과 이전에 없던 생각이 사업의 성패를 좌우하는 핵심 가치가 되었다. 학습하고 관찰하고 기록한 것을 꺼내 다시 곰곰이 생각하는 습관이야말로 작가나 출판인으로 성장하는 데 가장 귀중한 것인지도 모르겠다.

이 책을 탈고한 시점이 아쉽다. 2020년 12월은 2019년 기준 각종 출판실태와 통계가 쏟아져 나오는 시점인데, 탈고할 때까지 발표되지 않았다. 마지막으로 탈고하면서 한국출판저작권연구소에서 〈출판시장 통계연구 보고서〉 발표를 중단했다는 소식을 접했다. 박익순 소장은 블로그를 통해 "개인적인 관심으로 매년 상당한 시간을 들여 조사 · 연구하고, 재능 기부 차원에서 연구소 홈페이지(블로그)에 공개해왔지만, 지속하기에는 역량이 부족함을 고백한다. 통계연구를 좀 더 발전시킬 기관이나 단체 및 연구자를 찾고 있다." 고 발표했다.

그럼에도 불구하고 코로나 시대의 변화를 읽을 수 있는 통계이니 관심 있는 독자는 필자가 달아놓은 주석을 확인해 관련 자료를 참고해도 좋을 듯하다. 이 책엔 필자 개인의 경험과 관점이 녹아 있다. 통찰력을 선사하는 이야기가 아니었다면, 그건 오직 필자의 경험이 깊지 않아서일 것이다. 출판업계의 선후배 종사자들은 아마 더 깊은 이야기를 들려줄지 모른다. 어쩌면 당신이 더 멋지고 좋은 저자가 될지도 모르겠다.

책을 읽은 독자의 눈이 더 밝아져 성큼성큼 걷는 새로운 새벽을 맞이했으면 한다.

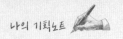

나의 기획노트

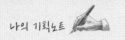
나의 기획노트

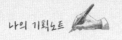
나의 기획노트

나의 기획노트

참고문헌

| 단행본 |

《82년생 김지영》. 조남주. 민음사. 2016.
《B컷》. 김태형, 김형균, 박진범, 송유형, 엄혜리, 이경란, 정은경. 출판사 달. 2015.
《DEATH 죽음이란 무엇인가》. 셸리 케이건. 박세연 역. 엘도라도. 2012.
《공산토월》. 이문구. 문학동네. 2014.
《글쓰기에 대하여》. 찰스 부코스키. 박현주 역. ㈜시공사. 2016.
《깃털 도둑》. 커크 월리스 존슨. 박선영 역. 흐름출판. 2019.
《내 작은 출판사 시작하기》. 이승훈. 2019.
《달러구트 꿈 백화점》. 이미예. 팩토리나인. 2020.
《만세열전》. 조한성. 생각정원. 2019.
《못 파는 광고는 쓰레기다》. 클로드 C. 홉킨스. 심범섭 역. 인포머셜 마케팅연구소. 2014.
《살아있는 글쓰기》. 존 R 트림블. 이창희 역. 이다미디어. 2011.
《새와 사람》. 최종수. 그린홈. 2016.
《싸우는 심리학》. 김태형. 서해문집. 2014.
《어쩌면 별들이 너의 슬픔을 가져갈지도 몰라》. 김용택. 위즈덤하우스. 2015.
《언어의 온도》. 이기주. 말글터. 2016.
《예술이 밥 먹여 준다면》. 이훈희. 책과 나무. 2020.
《오직 한 사람의 차지》. 김금희. 문학동네. 2019.
《우리 결혼해요》. 이훈희. 푸른쉼표. 2019.
《종이에 원고를 담아 책으로 엮으면 세트》. 최재웅. 티피에이코리아. 2020.
《중국인 이야기 2》. 김명호. 한길사. 2013.
《직업으로서의 소설가》. 무라카미 하루키. 양윤옥 역. 현대문학. 2016
《전추홍망》. 쉬훙싱. 야오통타오. 따뜻한 손. 2010.
《총, 균, 쇠》. 재레드 다이아몬드. 김진준 역. 문학사상사. 2005.
《출판하는 마음》. 은유. 제철소. 2018.
《칼의 노래》. 김훈. 문학동네. 2012.
《학교의 슬픔》. 다니엘 페낙. 윤정임 역. 문학동네. 2014.

| 학술자료 |

〈2019 국민독서실태 조사〉. 문화체육관광부. 2020.
〈2019 출판산업실태조사 -2018년 기준〉. 한국출판문화산업진흥회. 2019.
〈2019 출판시장통계 보고서〉. 한국출판저작권연구소. 2020.
〈2019 출판통계〉. 대한출판문화협회. 2020.
〈지적 재산권법 총람〉. 대한법률편찬연구회. 2010.

| 언론사 보도 |

경향신문. 2017. 7. 24. 정원식. 〈베스트셀러 탐구 언어의 온도〉.
뉴덕트. 2020. 8. 6. 조지연. 〈트렌드 용어사전: 온택트와 대면, 무엇이 다른가〉
_____, 2020. 12. 14. 이지은. 〈유튜버라면 지켜야 할 광고 원칙〉
백뉴스. 2020. 10. 8. 이승열. 〈한글과 새롭게 마주한 이들을 만나다〉.
_____, 2020. 10. 9. 이동화. 〈틀리기 쉬운 맞춤법 소개, 맞춤법 파괴 사례는?〉.
_____, 2020. 11. 10. 김영호. 〈요즘 것들 용어사전, 창렬? 혜자? 신조어가 된 사람들〉.
북라이브. 2020. 7. 1. 방서지. 〈인스타그램 감성, 이제 책으로 느껴볼까〉.
_____, 2020. 10 .20. 김이슬. 〈도서정가제, 왜 이렇게 난리냐고요? 출판 생태계 파괴
　　　　　VS 소비자 선택권 박탈〉
_____, 2020. 12. 1. 백진호. 〈콘텐츠의 원천 '웹소설', 누구로부터 얼마나 사랑받
　　　　　았나〉.
_____, 2020. 12. 15. 송현지. 〈맞춤법 틀리면 정말 큰일 나나요?〉.
신동아. 2011. 7. 20. 한기호 출판마케팅연구소장. 〈"베스트셀러 출판사들 줄도산과
　　　　　선인세의 비밀"〉.
연합뉴스. 2016. 2. 1. 김보경. 〈'초판본 열풍' 소와다리 "너무 익숙해진 시들 다시
　　　　　읽어줬으면"〉.
조선비즈. 2014. 11. 1. 전병근. 〈[강연] 작가 김훈 "나는 왜 쓰는가"〉.
중앙일보. 2017. 12. 20. 손민호. 〈올해 가장 많이 팔린 책 작가 이기주 "여태 여섯 번
　　　　　실패…"〉.
한겨레신문. 2020. 11. 14. 임재우. 〈'조용한 학살', 20대 여성들은 왜 점점 더 많이 목숨을
　　　　　끊나〉.

| 영상자료 |

KBS2. 2018. 10. 27. 〈대화의 희열〉 8회.
SBS. 2020. 5. 22. 비디오머그. 〈아동문학계 노벨상' 백희나 작가를 비머가 만났습니다〉.
tvN. 2014. 11. 22. 〈미생〉 11회.
___, 2020. 9. 9. 〈유 퀴즈 온 더 블록〉 71회.
___, 2020. 12. 13. 〈책의 운명. 1부 종이책의 미래〉.
원라이브. 2020. 5. 28. 〈북라이브 북콘서트: 안 느끼한 신문집〉.
_____, 2020. 6. 15. 〈북라이브 북콘서트: 책 쓰기가 이렇게 쉬울 줄이야〉.

책이 밥 먹여준다면

1판 1쇄 인쇄 2021년 01월 16일
1판 1쇄 발행 2021년 01월 21일

지은이   이훈희

발행인   김성룡
편집   한국미디어문화협회 출판연구소
교정   송현지, 조지연
디자인   김민정, 이지은

펴낸곳   도서출판 가연 (2001nov@naver.com)
주소   서울시 마포구 월드컵북로 4길 77, 3층 (동교동, ANT빌딩)
구입문의 02-858-2217
팩스   02-858-2219